高职高专电子商务专业应用型特色规划教材

电子商务综合实训

付 蕾 韩 慧 主 编
李 爽 杨 静 郭 翠 副主编

清华大学出版社
北 京

内 容 简 介

本书主要借助现实的电子商务平台和一个精心设计的虚拟商务环境，为学生提供实践电子商务的方案。全书共分为 10 个项目，分别是：B2C 商务模式实训、C2C 商务模式实训、B2B 商务模式实训、网上支付、CA 认证、物流配送、网络营销、EDI 模拟、互联网应用、电子商务安全，涵盖了当前电子商务运作的几种基本模式和过程中的各个主要环节。每个项目含有多个任务，每个任务均是以企业实际应用为主线，从高职学生今后从事的工作所需求的能力培养出发，将综合技能训练和相关理论知识有机地结合起来，定位准确，内容新颖，有效地做到了"教、学、做"相统一，培养学生的基础操作能力、职业能力和可持续学习能力。

本书既可作为高职高专电子商务专业的实训教材，也可供相关技术人员参考。

本书封面贴有清华大学出版社防伪标签，无标签者不得销售。
版权所有，侵权必究。举报：010-62782989，beiqinquan@tup.tsinghua.edu.cn。

图书在版编目(CIP)数据

电子商务综合实训/付蕾，韩慧主编. --北京：清华大学出版社，2015（2023.8重印）
（高职高专电子商务专业应用型特色规划教材）
ISBN 978-7-302-39516-4

Ⅰ. ①电… Ⅱ. ①付… ②韩… Ⅲ. ①电子商务—高等职业教育—教材 Ⅳ. ①F713.36

中国版本图书馆 CIP 数据核字(2015)第 036960 号

责任编辑：李玉萍　桑任松
封面设计：刘孝琼
责任校对：周剑云
责任印制：刘海龙

出版发行：清华大学出版社
　　　网　　址：http://www.tup.com.cn, http://www.wqbook.com
　　　地　　址：北京清华大学学研大厦 A 座　　　邮　编：100084
　　　社 总 机：010-83470000　　　邮　购：010-62786544
　　　投稿与读者服务：010-62776969, c-service@tup.tsinghua.edu.cn
　　　质量反馈：010-62772015, zhiliang@tup.tsinghua.edu.cn
　　　课件下载：http://www.tup.com.cn, 010-62791865
印 装 者：三河市君旺印务有限公司
经　　销：全国新华书店
开　　本：185mm×260mm　　　印　张：15.75　　　字　数：380 千字
版　　次：2015 年 4 月第 1 版　　　印　次：2023 年 8 月第 7 次印刷
定　　价：45.00 元

产品编号：059896-02

前　　言

电子商务是特别强调实战的专业，电子商务实训课程也需要通过教学"过程导向"原则，使学生掌握现实中电子商务交易的模式、方法和技能。本书在编写的内容和形式上体现了高职高专教育的培养目标，即"培养适合生产、建设、管理、服务第一线需要的高等技术应用型专门人才"。在虚拟与现实交替实训的过程中，学生可以及时发现问题、分析问题、解决问题，锻炼独立思考的能力，实现"零距离"教学，调动学习的兴趣和积极性。

本书是根据电子商务的发展和高职高专相关专业学生进行电子商务实训的需求而编写的。本书体现"工学结合"、突出学生职业能力培养，主要借助现实的电子商务平台和一个精心设计的虚拟商务环境，为学生提供实践电子商务的方案，主要包括的实训内容有：B2C 商务模式实训、C2C 商务模式实训、B2B 商务模式实训、网上支付、CA 认证、物流配送、网络营销、EDI 模拟、互联网应用、电子商务安全，涵盖了当前电子商务运作的几种基本模式和过程中的各个主要环节。

本书由天津现代职业技术学院教师付蕾和天津国土资源和房屋职业学院教师韩慧担任主编。天津现代职业技术学院教师李爽、杨静，天津城市职业学院教师郭翠担任副主编。天津现代职业技术学院教师周长青担任主审。其中，付蕾编写了项目 2 和项目 3；韩慧编写了项目 1 和项目 6；李爽编写了项目 4、项目 5 和项目 10；杨静编写了项目 7 和项目 9；郭翠编写了项目 8。

本书所有现实操作都在互联网上完成，模拟实训应用了专门的电子商务实验室软件，该软件环境是国家人力资源和社会保障部电子商务师考试指定的标准环境。因此，该书也可作为学生考取国家人力资源和社会保障部助理电子商务师、电子商务师职业资格证书的实训用书。本书严格按照知识的难易程度和专业知识的先后顺序，帮助学生将所学理论很好地应用于实践，每个实验都列出了实验目的、要求及详尽的实验步骤，使初学者可以轻松入门，因此也可作为学生自学用书。

本书在编写过程中借鉴了国内外电子商务理论研究和教学优秀成果以及百度文库、百度百科、百度经验中的优秀文章，在此对这些资料的作者一并表示衷心感谢。

由于编者水平有限，书中难免有不妥之处，欢迎读者批评指正。

编　者

目 录

项目1 B2C商务模式实训 1
【任务引入】...... 1
【任务要求】...... 4
【任务实施】...... 4
任务1.1 电子商务实验室平台B2C交易 4
  1.1.1 商户在电子银行注册 4
  1.1.2 商户进驻网上商城 5
  1.1.3 B2C购物网站的后台管理 6
  1.1.4 B2C网上购物的前台 12
任务1.2 个人消费者网上购物 14
【实训总结】...... 21
【实训考核】...... 22

项目2 C2C商务模式实训 23
【任务引入】...... 23
【任务要求】...... 23
【任务实施】...... 24
任务2.1 开设电子商务实验室平台店铺 24
  2.1.1 个人会员信息 25
  2.1.2 买方行为 28
  2.1.3 卖方行为 34
  2.1.4 后台管理 35
任务2.2 开设淘宝店铺 38
  2.2.1 申请认证 38
  2.2.2 开设店铺 46
  2.2.3 宝贝出售中 54
  2.2.4 宝贝成交后 58
【实训总结】...... 64
【实训考核】...... 64

项目3 B2B商务模式实训 66
【任务引入】...... 66
【任务要求】...... 68
【任务实施】...... 68
任务3.1 电子商务实验室B2B交易 68
  3.1.1 企业会员信息 68
  3.1.2 买方行为 76
  3.1.3 卖方行为 81
任务3.2 B2B第三方交易平台的使用 88
【实训总结】...... 97
【实训考核】...... 98

项目4 网上支付 99
【任务引入】...... 99
【任务要求】...... 99
【任务实施】...... 100
任务4.1 网上银行——以"电子商务实验室实训平台"为例 100
  4.1.1 企业网上银行 100
  4.1.2 个人网上银行 103
  4.1.3 网上商城 104
任务4.2 网上银行的使用 105
  4.2.1 农业银行网银证书下载、安装 105
  4.2.2 农业银行网上银行使用 108
【实训总结】...... 111
【实训考核】...... 112

项目5 CA认证 113
【任务引入】...... 113
【任务要求】...... 113
【任务实施】...... 114
任务5.1 电子商务实验室平台CA证书的应用 114
  5.1.1 CA认证中心 114
  5.1.2 CA证书申领与应用 115
  5.1.3 证书应用过程 119

任务 5.2 中国数字认证网 CA 证书的
　　　　 使用 122
　　5.2.1 申请个人免费 CA 证书 122
　　5.2.2 下载安装 CA 证书 123
【实训总结】... 124
【实训考核】... 124

项目 6 物流配送 125

【任务引入】... 125
【任务要求】... 128
【任务实施】... 128
任务 6.1 电子商务实验室物流模拟 128
　　6.1.1 配送商(物流商)身份的
　　　　 注册 128
　　6.1.2 初始化物流后台 130
　　6.1.3 物流前台的管理 132
　　6.1.4 物流后台的管理 133
任务 6.2 物流配送实务 141
【实训总结】... 148
【实训考核】... 148

项目 7 网络营销 150

【任务引入】... 150
【任务要求】... 150
【任务实施】... 151
任务 7.1 电子商务实验室平台网络
　　　　 营销 151
　　7.1.1 个人会员信息 151
　　7.1.2 电子杂志 154
　　7.1.3 电子邮件列表营销 157
　　7.1.4 新闻组 160
　　7.1.5 网络广告 167
　　7.1.6 调查问卷 170
　　7.1.7 用户信息 173
　　7.1.8 域名的申请 173
　　7.1.9 网站建设 179
任务 7.2 互联网营销 180
　　7.2.1 营销方案制订 180
　　7.2.2 SEO 搜索引擎优化 180
　　7.2.3 E-mail 营销 183

　　7.2.4 移动营销 185
【实训总结】... 191
【实训考核】... 192

项目 8 EDI 模拟 193

【任务引入】... 193
【任务要求】... 193
【任务实施】... 194
任务 8.1 进行 EDI 会员注册 194
任务 8.2 添加贸易伙伴 195
任务 8.3 生成 EDI 报文并提交 197
【实训总结】... 200
【实训考核】... 201

项目 9 互联网应用 202

【任务引入】... 202
【任务要求】... 203
【任务实施】... 203
任务 9.1 IE 浏览器的应用 203
任务 9.2 压缩软件 WinRAR 的使用 208
任务 9.3 文件传输软件 212
任务 9.4 下载工具操作 214
任务 9.5 使用 BBS 收集发布信息 216
【实训总结】... 218
【实训考核】... 219

项目 10 电子商务安全 220

【任务引入】... 220
【任务要求】... 220
【任务实施】... 221
任务 10.1 新毒霸杀毒软件 221
　　10.1.1 对计算机内存进行病毒和
　　　　 木马扫描 221
　　10.1.2 在线升级 222
　　10.1.3 查看日志、信任区和
　　　　 恢复区 223
任务 10.2 天网防火墙系统的配置
　　　　 与使用 224
　　10.2.1 主菜单 224
　　10.2.2 IP 规则设置 225

10.2.3　安全级别 226
　　10.2.4　应用程序安全规则设置 226
　　10.2.5　应用程序网络使用情况 228
任务 10.3　ActiveX 插件的使用与管理 229
　　10.3.1　屏蔽无用插件 229
　　10.3.2　管理已存在的插件 229
任务 10.4　360 保险箱 230
　　10.4.1　360 保险箱主界面 230
　　10.4.2　360 保险箱的特色功能 231
　　10.4.3　360 保险箱的功能设置 233
任务 10.5　防钓鱼网站 235
　　10.5.1　防钓鱼网站的方法 236
　　10.5.2　个人用户防范的建议 236

　　10.5.3　企业用户防范的建议 236
任务 10.6　ARP 攻击 237
　　10.6.1　ARP 协议 237
　　10.6.2　攻击原理 237
　　10.6.3　攻击演化 238
　　10.6.4　遭受攻击 239
　　10.6.5　攻击防护 239
　　10.6.6　个人用户的防护方法 240
【实训总结】 241
【实训考核】 241
参考文献 242

项目1 B2C商务模式实训

【任务引入】

中国电子商务研究中心《2013年度中国网络零售市场数据监测报告》

1. 2013年度中国网络零售市场交易规模

据中国电子商务研究中心(www.100EC.cn)监测数据显示,截至2013年12月中国网络零售市场交易规模达18 851亿元,较2012年的13 205亿元同比增长42.8%,预计2014年有望达到27 861亿元,如图1.1所示。

图1.1 2009—2014年中国网络零售市场交易规模

监测数据还显示,京东2013全年交易额突破1 000亿元,增长速度在40%左右;苏宁电商销售额达218.9亿元(含税),同比增长43.86%;1号店销售额为115.4亿元;唯品会营收约104.5亿元,当当网为63.25亿元。

近年来伴随网购市场日益规范,越来越多的人加入到网购队伍当中。另外电商企业在一二线城市发展稳定后,逐渐向三四线城市延伸,推动了网购市场的扩大。

2. 2013年度中国网络零售市场规模占社会消费品零售总额比例

据中国电子商务研究中心(www.100EC.cn)监测数据显示,截至2013年12月中国网络零售市场交易规模占到社会消费品零售总额的8.04%,较去年(6.3%)同比增长27.6%。中国电子商务研究中心预计,这一比例还将保持扩大态势,到2014年达到9.8%,如图1.2所示。

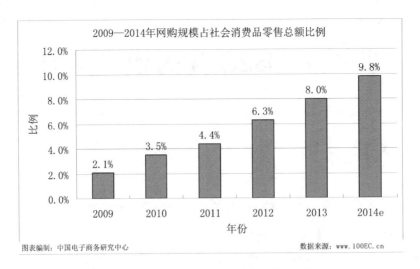

图1.2 2009—2014年网购规模占社会消费品零售总额比例

3. 2013年中国网络零售企业市场占有率——《2013年中国网络零售市场十强榜单》

据中国电子商务研究中心(www.100EC.cn)监测数据显示,2013年中国B2C网络零售市场(包括平台式与自主销售式),排名第一的依旧是天猫商城,占50.1%;京东名列第二,占据22.4%;位于第三位的是苏宁易购达到4.9%;后续4~10位排名依次为:腾讯电商(3.1%)、亚马逊中国(2.7%)、1号店(2.6%)、唯品会(2.3%)、当当网(1.4%)、国美在线(0.4%)、凡客诚品(0.2%),如图1.3所示。

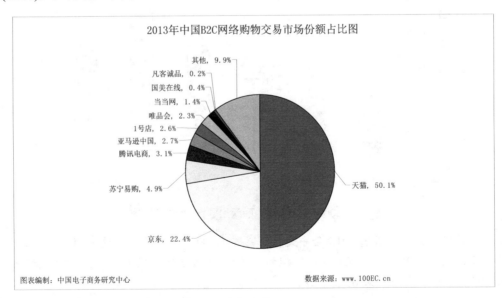

图1.3 2013年中国B2C网络购物交易市场份额占比图

重点提示:

1. 2013年度中国网络零售行业的几大事件

1) 京东完成7亿美元融资 新一轮融资竞赛或将开启

2月16日,京东商城确认完成新一轮约7亿美元的普通股股权融资。投资方包括本轮入股的新股东加拿大安大略教师退休基金和 Kingdom Holdings Company,而京东的一些主要股东亦跟投了本轮。(详见: www.100ec.cn/detail--6083705.html)

2) 苏宁电器正式更名苏宁云商 彻底"去电器化"

2月19日晚间,苏宁电器发布公告称,拟将公司名称变更为"苏宁云商集团股份有限公司",以更好地与企业未来的经营范围和商业模式相适应。与此同时,苏宁电器的英文名称由原"SUNING APPLIANCE CO.,LTD."变更为"SUNING COMMERCE GROUP CO.LTD。"(详见: www.100ec.cn/detail--6084147.html)

3) 唯品会"流血上市" 登陆纽交所开盘破发

3月23日晚,广州品牌折扣网站唯品会在美国纽约交易所挂牌上市,股票交易代码为"VIPS", 6.5美元的发行价较原计划下调23.5%, 被业内评论为"流血上市"。

4) 国美在线CEO离职 国美电商曲折路

5月6日,国美在线确认,国美在线原CEO韩德鹏近日已提出辞职,CEO一职暂由国美集团高级副总裁、国美在线董事长牟贵先担任。这也意味着去年初库巴网CEO王治全离职后,国美电商又损失一重要高管。(详见: www.100ec.cn/detail--6099329.html)

5) 兰亭集势赴美上市 外贸电商前景明朗

6月6日,国内外贸零售商兰亭集势将在纽约证券交易所正式挂牌上市,股票交易代码"LITB",详见中心专题(www.100ec.cn/zt/anl_ltjs)。兰亭集势作为2013年第一家在美上市的中国公司,也是中国赴美外贸电商第一股,证明了外贸B2C道路可以走通,外贸电商进入新的时代。

6) 微信推出支付功能 移动端竞争激烈

8月5日,微信推出5.0版本,从此微信不仅可以聊天、晒图,你还可以用它付款购物。一夜之间微信也成了众多企业梦寐以求的O2O合作平台。

7) 19家较大家居卖场联合抵制天猫

11月5日,国内19家较大规模的家居卖场,悄然纳下了"投名状",对于天猫等电商平台的冲击,将实施联合防御。

8) 国美在线与库巴网融合 统一品牌和标志

11月29日,国美在线发布公告称,从11月30日零时起,库巴网域名与库巴品牌将不再使用,国美在线与库巴网完全融合,统一品牌和标志为"国美在线"。

2. 中国网络零售行业的趋势预测

1) O2O发展迅速 线上线下融合成趋势

传统零售业如苏宁开始逐渐寻求线下线上资源的整合,进行O2O的转型;同时电商企业也开始注重线下,线下线上的融合将会向更多的行业扩散。

2) 跨境电商产业链日益完善,将会迎来高速发展

近年来中国跨境电商已逐渐形成一条涵盖营销、支付、物流和金融服务的完整产业链,行业格局日渐稳固。2013年兰亭集势的上市让跨境电商格外引人注目。未来跨境电商将迎来高速发展时期。

3) 移动电商成为电商争抢的蛋糕

移动电子商务为传统企业开辟了新战场,未来传统企业都将通过各种方式进军移动电子商务,移动电商将成为电商的下一个战场。

4) 互联网金融发展体系化　各方积极参与

2013 年,"互联网金融"成为继物联网、大数据、云计算、移动互联网之后,又一经济社会广泛关注的焦点领域,阿里推出余额宝、京东推出"京保贝"、建行善融商务上线等。2014 年年初,苏宁又推出零钱宝,可以看出 2014 年互联网金融将形成对公和对私业务两翼齐飞的局面,银行、基金等金融机构也将主动参与进来,推动整个生态圈的繁荣。

5) "大鱼吃小鱼"　电商拥抱"并购潮"

继苏宁收购满座网、商圈网入股麦考林之后,我们可以看到 2014 年电商并购潮会持续。电商市场优胜劣汰,很多小平台会跟别的平台进行合并,最终剩下数家大的电商平台。

(资料来源:中国电子商务研究中心发布的《2013 年度中国网络零售市场数据监测报告》)

问题:

1. 什么是 B2C?
2. 天猫商城为何广受欢迎?
3. 试对比天猫商城与京东商城。

【任务要求】

通过模拟实验系统,学生模拟 B2C 实验中消费者和商户两种角色,体验从申请入驻开设商店、网上模拟购物,到后台进销存管理,可以在一个完整模拟环境内进行 B2C 商务实际操作,从而了解网上商店的业务过程及其后台的运营、维护、管理等活动。通过在京东商城购物实训练习独立进行网上购物的能力。

- 掌握如何开设网上商店。
- 了解 B2C 电子商务的基本流程。
- 能够对后台进行进销存的管理。
- 熟悉网上购物的流程。

【任务实施】

任务 1.1　电子商务实验室平台 B2C 交易

1.1.1　商户在电子银行注册

(1) 以学生身份登录后,进入学生操作员页面。

(2) 点击"进入实验室"则正式进入"电子商务师实验室"页面。点击 B2C 首页,进入 B2C 电子商城,如图 1.4 所示。

项目 1　B2C 商务模式实训

图 1.4　B2C 电子商城

(3) 进入电子银行首页，点击"申请 B2C 特约商户"后，进入"B2C 特约商户申请表"页面，填写里面的内容。

(4) 填写完毕后，单击"确定"按钮，进入"B2C 特约商户申请表结果"页面，并且要求记住自己的"银行账号"，为日后进行网上支付结算使用。

(5) 商户在电子银行注册后，下一步就可以进驻电子商城建立自己的网上商店了。

1.1.2　商户进驻网上商城

商户是为消费者提供网上购物服务的主体，所以商户需要申请进驻网上商城，开设网上商店，初始化网上商店。

网上商城以柜台租赁的方式提供空间，给商户进行网上建店。商户进驻的过程就是在网上商城进行注册的过程。

商户进驻的操作步骤如下。

(1) 进入 B2C 首页，点击"商户登录"后，进入商户登录页面，如图 1.5 所示。

(2) 单击"商户入驻"按钮，进入商户基本信息填写页面。

(3) 填写完毕基本信息后，单击"下一步"按钮。

(4) 进驻完成。

图 1.5　商户登录

1.1.3　B2C 购物网站的后台管理

1. 网上商店的管理

商户在 B2C 网上商店管理后台，需设置网上模板、网店 Logo、网店 Banner，配送说明、支付说明、文字广告、按钮广告，当设置好这些部分后，就可以发布网上商店。商户可以将网上商店的名称、介绍和关键词搜索发布到搜索引擎，这样在搜索引擎中就能查询到该网店的内容。

2. 网上商品的管理

商品管理是用于发布商品到前台购物网站，以及维护商品基本信息，如图 1.6 所示。

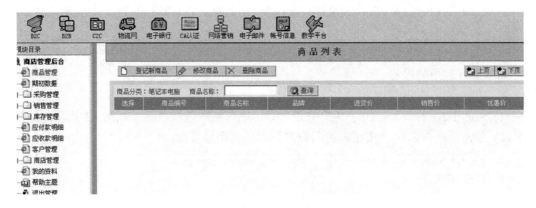

图 1.6　商品基本信息

1) 登记新商品

"登记新商品"用于添加新商品并发布到前台购物网站。操作流程如下。

(1) 点击"登记新商品",进入商品添加页面。
(2) 填写内容完毕后确认,新商品即时自动发布到 B2C 页面,完成新商品的添加。

2) 修改商品

"修改商品"用于修改已发布商品的基本信息,包括商品介绍和价格调整。操作流程如下。

(1) 在商品列表中选择要修改的商品,然后点击"修改商品"。
(2) 在商品修改页面,更新商品信息,然后单击"确认"按钮,保存更新后的商品信息。

3) 期初商品

期初商品就是在商户第一次营业前,把当前商品的数量登记入库存,即初始化库存。点击"期初商品",显示如图 1.7 所示。

图 1.7 期初商品

期初商品的操作流程如下。

(1) 在商品列表中输入商品数量,然后单击"保存"按钮,保存修改。
(2) 当所有商品的数量输入并保存后,单击"记账"按钮,系统会自动将商品数量登记入库。
(3) 期初商品信息输入完成。

3. 采购管理

采购管理用于采购商品,并把采购的商品登记入库。

1) 采购订单

B2C 商户在库存不足时提交采购订单,购入充足的商品以保障 B2C 交易的正常进行。

新单:进入"新单"的"增加商品"。

(1) 点击"新单"→"选择商品"。
(2) 选择要采购的商品后,单击"确定"按钮。进入"新建采购订单"页面,在数量空格内填入需要采购物品的数量，如图 1.8 所示。

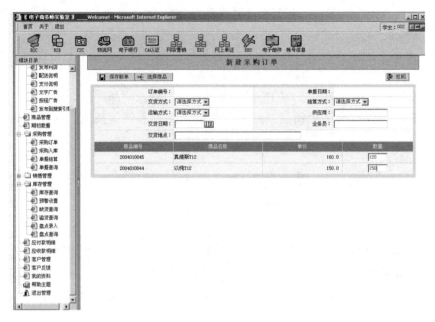

图 1.8　新建采购订单

(3) 单击"保存新单"按钮，添加新采购单完成。

2) 采购入库

采购入库主要是对 B2C 商户采购的商品进行入库管理。

(1) 选择商品采购单，单击"明细"按钮进入"采购订单"页面，如图 1.9 所示。

(2) 单击"采购入库"按钮，采购单入库完成。

3) 单据结算

单据结算是 B2C 商户对商品采购的单据进行结算。

(1) 选择产品采购单，单击"明细"按钮进入"采购订单"页面。

(2) 单击"结算"按钮后，完成此订单的结算。

(4) 查询订单

查询订单是 B2C 商户对采购订单的查询。

(1) 单据号查询，填入您所需要查询的单据号，单击"查询"按钮。

(2) 供应商查询，填入您所需要查询的供应商名称，单击"查询"按钮。

(3) 单据日期查询，选择您所需要查询的单据生成日期，单击"查询"按钮。

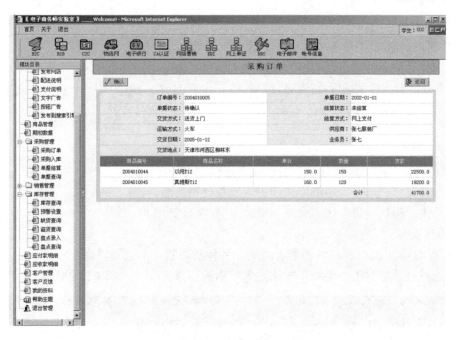

图 1.9　采购订单

4. 销售管理

1) 网上订单

B2C 采购者购买的采购订单在该模块处理，从中可以知道采购者的采购情况及基本信息。在 B2C 商户货源不足的情况下，可以即时地对商品进行"生成采购单"，当"受理"此订单后，订单便进入"销售订单"中。

(1) 进入"网上订单"页面，选择订单后，单击"明细"按钮，进入网上订单的受理页面，如图 1.10 所示。

图 1.10　网上订单受理页面

(2) 在库存充足的情况下单击"受理"按钮。

(3) 受理网上订单完成。

2) 销售订单

B2C 商户对 B2C 消费者的消费订单进行"结算"及"确认"。

(1) 选择订单后，单击"明细"按钮进入结算页面。

(2) 单击"结算"按钮后完成对订单的结算。

(3) 再次进入此单据明细，单击"确定"按钮后，交易才算完成，订单转入"发货处理"。

3) 发货处理

对已"确认"的"销售订单"进行发货处理。

(1) 选择订单，单击"明细"按钮进入发货处理页面。

(2) 单击"确认发货"按钮完成与 B2C 消费者的交易。

4) 单据查询

单据查询是对 B2C 商户与消费者之间的各种状态的订单进行查询。

(1) 选择订单，单击"明细"按钮进入单据的信息页面，如图 1.11 所示。

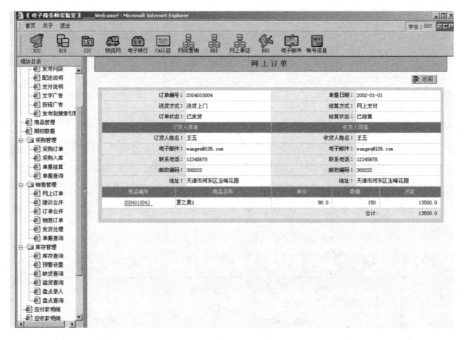

图 1.11　订单详情

(2) 单击"确定"或"返回"按钮，便完成对订单的查看。

5. 库存管理

点击"首页"→"商户登录"→"库存管理"。

1) 库存查询

库存查询主要是对仓库的商品库存进行查询。

(1) 选择商品名称，单击"商品明细"按钮进入商品明细页面。

(2) "商品分类"查询，选择商品的类别，单击"查询"按钮便完成查询。

(3) "商品名称"查询，填入商品的名称，单击"查询"按钮便完成查询。

2) 预警设置

预警设置是对仓库商品库存量的上限及下限进行预警设置，从而可以对仓库的商品管理做到自动库存管理。

选择要设置的商品，点击"预警设置"，进入设置页面，在此设置库存的上限及下限，如图 1.12 所示。

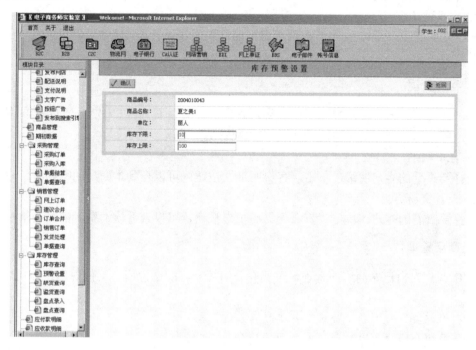

图 1.12　库存预警设置

3) 缺货查询

缺货查询是指对已缺商品进行查询。

(1) "商品分类"查询，选择商品的类别，单击"查询"按钮便完成查询。

(2) "商品名称"查询，填入商品的名称，单击"查询"按钮完成查询。

4) 溢货查询

溢货查询是指对已高出饱和的商品进行查询。

(1) 选择商品名称，点击"商品明细"进入商品明细页面。

(2) "商品分类"查询，选择商品的类别，单击"查询"按钮便完成查询。

(3) "商品名称"查询，填入商品的名称，单击"查询"按钮便完成查询。

5) 盘点录入

盘点录入是对现在库存商品进行数量的清点，主要是实际商品库存数量与账面数量的核对工作。

(1) 点击"盘点录入"，进入盘点录入页面。

(2) 输入仓库商品实际盘点的数量、盘点人、选择盘点日期(盘点日期有可能大于当前日期)，点击"生成盘点表"。

(3) 检查输入的商品实盘数，点击"调整库存"，则完成盘点录入操作，此时库存数量调整为盘点数。

6) 盘点查询

盘点查询用于对盘点情况进行查询。

7) 应付款明细

应付款明细主要是 B2C 商户在采购库存商品时的付款明细。

8) 应收款明细

应收款明细主要是针对 B2C 的消费者下的订单做收款管理,从中可以对未发货的订单进行发货。

6. 客户管理

点击"首页"→"商户登录"→"客户管理",可以看到客户(B2C 消费者)的基本信息明细,并且 B2C 商户也可以查看与客户的交易历史情况。

1) 客户明细

选择要查看的客户明细,单击"客户明细"按钮就可以查到本商户的购物者信息。

2) 查看交易历史

选择要查看的客户,单击"查看交易历史"按钮,可以查看该消费者的交易情况。

7. 商店管理

B2C 商户对自己本商店的管理,主要有公司简介、配送说明、支付说明、售后服务等模块。

点击"首页"→"商户登录"→"商店管理"。

从公司简介模块可以编写对本公司的简介。

(1) 点击进入后,可对公司简介进行修改。

(2) 修改完毕后,单击"修改"按钮便完成对简介内容的修改。

1.1.4　B2C 网上购物的前台

商户通过后台的管理功能将产品发布到前台后,消费者就通过前台界面的网上商城购物网站订购商品。

1. 会员注册

消费者注册成为电子商城的会员。电子商城的会员可以在任何一个柜台进行购物。注册流程如下。

(1) 点击 B2C 首页,选择"会员注册"进入会员注册页面。

(2) 填写用户名,然后单击"下一步"按钮,进入用户基本信息页面。

(3) 填写用户基本信息,带星号(*)号的为必填项,填写完毕后,单击"下一步"按钮。

(4) 注册完成。

2. 搜索商家

搜索商家用户在 B2C 商城首页可以根据商家名称进行搜索。

3. 搜索商品

搜索商品可以根据商品分类和名称进行搜索。

4. 购买商品

消费者从销售柜台中选购产品，并放入购物车，如图 1.13 所示。

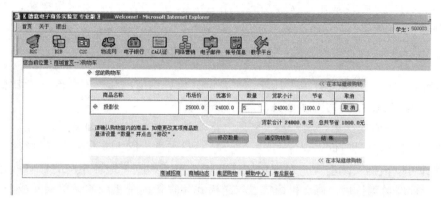

图 1.13　购物车

5. 结算订单

结算流程步骤如下。

(1) 消费者在购物车页面单击"结账"按钮后，进入结算中心登录的页面。

(2) 如果消费者已经注册则直接填写"会员名"及"密码"，单击"进入结算中心"按钮。如果消费者没有注册，则返回首页先进行注册。

(3) 选择所要进行结算的订单后，单击"进行结算"按钮。

(4) 进入选择"送货方式"及"支付方式"，如图 1.14 所示。

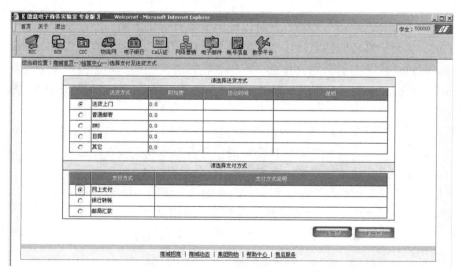

图 1.14　送货方式选择

(5) 选择完毕后，单击"下一步"按钮。在此填入"收货人信息"，单击"下一步"按钮，进入购买商品，最后确定。(在此表填入"收货人信息"，单击"下一步"按钮，进入购买商品，最后确定。如果收货人与订货人是同一个人，则不用再填写收货人的地址，只要在此表格左下方划"对号"即可。)

(6) 当您确认各项订单信息后，单击"确认我的订单"按钮。

(7) 完成订购，系统显示本次购物的订单号，单击"进行网上支付"按钮，进入网上支付流程。

6. 查询订单

采购者可以通过"查询订单"功能，来查询订单处理情况和历史订单。其步骤如下。

(1) 采购者在 B2C 购物网站首页，点击"查询订单"。

(2) 输入已注册的"用户名"及"密码"提交后，进入订单查询页面。

在此可以根据交易时间及订单号进行查询，并对未进行网上支付的交易进行网上支付。采购者可以根据实际情况，对支付模式、配送模式和收货地址相同的订单进行合并申请，经商店管理员确认后，将支付模式、配送模式和收货地址相同的订单合并成一个订单。

7. 我的资料

采购者在此修改自己的注册信息。在 B2C 购物网站首页，点击"我的资料"链接。在用户登录页面，输入用户名和密码，单击"提交"按钮，进入用户资料修改页面。修改完毕后，单击"提交"按钮，完成资料修改。

任务 1.2　个人消费者网上购物

在 B2C 模式中，商家首先在网站上开设网上商店，公布商品的品种、规格、价格、性能等，或者提供服务种类、价格和方式等，由消费者个人选购，下订单，在线或离线付款，商家负责送货上门。这种网上购物方式可以使消费者获得更多的商品信息，虽足不出户却可货比千家，买到价格较低的商品，节省购物的时间。目前，在互联网上遍布各种类型的商业中心，提供从鲜花、书籍到计算机、汽车等各种消费的商品和服务，由于大多数平台的功能雷同，因而，此处以京东网上商城为例，为大家介绍一下 B2C 模式的个人消费者网上购物流程。

京东为消费者提供愉悦的在线购物体验。通过内容丰富、人性化的网站(www.jd.com)和移动客户端，京东以富有竞争力的价格，提供具有丰富品类及卓越品质的商品和服务，并且以快速可靠的方式送达消费者。京东提供 13 个大类约 4 020 万种的丰富商品，品类包括：计算机、手机及其他数码产品、家电、汽车配件、服装与鞋类、奢侈品(如手提包、手表与珠宝)、家居与家庭用品、化妆品与其他个人护理用品、食品与营养品、书籍、电子图书、音乐、电影与其他媒体产品、母婴用品与玩具、体育与健身器材以及虚拟商品(如：国内机票、酒店预订等)。

京东网上商城购物流程如图 1.15 所示。

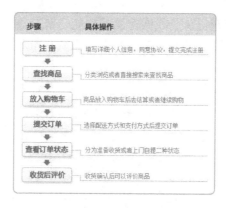

图 1.15 京东网上商城购物流程

1. 注册会员

要想享受京东为消费者提供的愉悦的在线购物体验，首先要成为该网上商城的会员。

(1) 点击页面顶部"免费注册"，进入注册页面，如图 1.16 所示。

图 1.16 免费注册京东会员

(2) 填写账户名、密码、验证码，选中"我已阅读并同意《京东用户注册协议》"复选框，单击"立即注册"按钮，完成注册(请在注册时务必详细填写个人信息)，如图 1.17 所示。

图 1.17 填写注册信息

(3) 对于忘记密码，京东提供了找回密码的功能，请在找回密码的页面中输入申请时的用户名、注册时的电子邮箱或已验证的手机号，系统将帮助找回密码，如图 1.18 所示。

图 1.18　京东找回密码

2．网上购物

此处以在京东网上商城购买图书《背包十年》为例，为大家演示在京东购物的流程。

(1) 分类浏览或直接搜索要购买的商品，如图 1.19 所示。

图 1.19　选择商品

(2) 选好商品后，如果需要更改商品数量，需在商品所在栏目后的商品数量框中输入购买数量，然后单击"加入购物车"按钮，商品会自动添加到购物车里，如图 1.20 所示。

图 1.20　将商品加入购物车

(3) 商品放入购物车后，去购物车结算或继续购物。此演示点击"去购物车结算"，如图 1.21 所示。

图 1.21　去购物车结算

(4) 确定购买商品信息后点击"去结算"，如图 1.22 所示。

图 1.22　去结算

(5) 详细填写收货人信息、付款方式、发票信息、配送方式等信息，如图 1.23 所示。

图 1.23 填写配送信息

(6) 确认无误后单击"提交订单"按钮，生成新订单并显示订单编号；然后选择付款方式，此处演示用银行卡——中国建设银行卡快捷支付流程，选择"中国建设银行"然后单击"下一步"按钮，如图 1.24 所示。

注：京东提供灵活多样的支付方式，如：在线支付、货到付款、邮局汇款、公司转账、分期付款、京东白条、支票支付、扫码支付等。

项目1 B2C 商务模式实训

图 1.24 支付方式(1)

(7) 选择快捷支付"储蓄卡",然后单击"下一步"按钮,如图 1.25 所示。

图 1.25 支付方式(2)

(8) 填写银行卡号、真实姓名、证件、银行留存手机号、短信验证码,选中"同意《京东快捷支付相关协议》"复选框,单击"立即开通并支付"按钮,如图 1.26 所示。

注:快捷支付是京东联合支付公司推出的快速支付服务、持卡人只要拥有银行卡,首次使用时输入相应银行卡信息以及身份信息并验证成功,即可完成支付;第二次使用该银行卡时,输入手机验证码即可一步付款。

图 1.26　支付方式(3)

(9) 支付完成，点击"查看订单详情"链接，可查看本订单详情，如图 1.27 所示。

图 1.27　支付完成

(10) 本次买书的订单详情如图 1.28 所示。

项目 1　B2C 商务模式实训

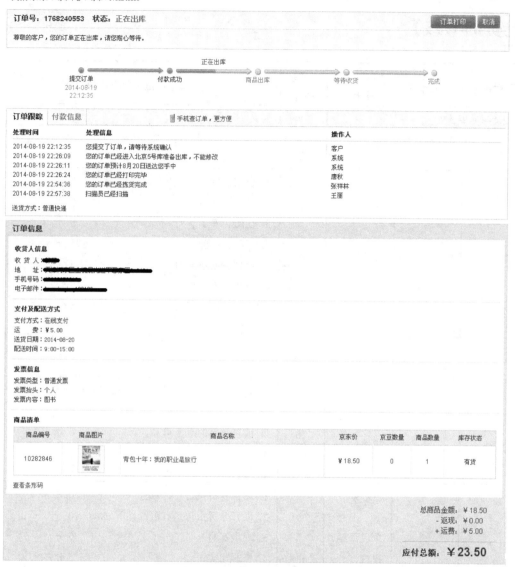

图 1.28　订单详情

【实训总结】

总结个人消费者网上购物应注意的内容，写一份实训报告，不得少于 800 字。

【实训考核】

课程名称	考核单元	细化项目考核	分数分配	考核标准与评分办法	
B2C 商务模式			100		
	通用能力考核		40		
		基本素质	40	1. 自立、自律能力	5分
				2. 学习发展能力	5分
				3. 交流、表达能力	5分
				4. 团队合作能力	5分
				5. 评判、创新能力	5分
				6. 信息技术能力	5分
				7. 刻苦、耐劳能力	5分
				8. 应急应变能力	5分
	网上购物能力		60		
		市场调查技术	20	1. 分析 B2C 商务模式采用独立商城与购物平台的区别	5分
				2. 信息资料的真实可靠性	5分
				3. 信息资料的准确适用性	5分
				4. 信息资料的时效性	5分
		项目总结报告	40	1. 项目分析报告有针对性	10分
				2. 项目分析报告具有可行性	10分
				3. 观点鲜明	5分
				4. 资料翔实	5分
				5. 论证充分	5分
				6. 分析到位	5分
备注					

项目 2 C2C 商务模式实训

【任务引入】

2013 年 C2C 影响力报告

CNIT.Research(中国 IT 研究中心)通过对近十家 C2C 电商品牌的网络影响力研究发现,在该领域,淘宝一骑绝尘,是绝对的王者。虽有腾讯拍拍在后追赶,百度再度试水电商推出微购,以及易趣、123 拍等 C2C 厂商,但目前仍难以撼动淘宝一家独大的局面。

重点提示:

(1) 在中国 C2C 市场,淘宝市场份额超过 60%。毫无疑问,淘宝在 C2C 领域的领先地位暂时无人能够撼动。

(2) 虽然拍拍从 2006 年成立已经发展 7 年了,但一直存在"烧开水"的问题,烧到一半熄火了,再烧。腾讯收购易迅网后,有了业务流程和系统,目前主要布局仓储物流和供应链,以求上大规模。

(3) C2C 领域大者恒大,后来者很难赶超淘宝。但淘宝也饱受负面消息的困扰,2013 年 5 月份其相关负面报道达 1 347 篇次。其中,卖假货是消费者投诉的重点,对淘宝来说,打假仍是一个长期而又艰巨的任务。

(4) 今年 4 月,百度上线电商类产品"微购"引起了业界关注。和此前的百度有啊相比,百度微购并非通过自建平台构建电商体系,而是利用百度最擅长的搜索框,通过关键词精确匹配的方式在搜索结果页内嵌购物页面,并已与京东、当当、1 号店等 B2C 商城建立合作关系。被淘宝分割自己在电商的流量,显然是百度不乐意见到的。百度微购的出现,就是百度试水电商狙击淘宝的举动。但对百度微购而言,如何在短期内增强用户的黏性,充满了挑战。

(资料来源:中国电子商务研究中心,http://www.100ec.cn/detail..6112362.html)

问题:

1. 淘宝网为何广受欢迎?
2. 什么是 C2C?
3. 如何建立淘宝店铺?

【任务要求】

通过模拟实验系统,练习能独立运用不同角色(买方、卖方)参与拍卖,体验个人与个人的网上交易流程,以及因此涉及的交易方式、信用等,通过淘宝网实训练习独立进行购物与开店的能力。
- 了解 C2C 是如何在网络环境中运作的。
- 了解 C2C 中各角色的功能。
- 了解 C2C 电子商务的基本流程。
- 熟悉网上购物的流程。
- 熟练地掌握网上开店的操作。

【任务实施】

任务 2.1 开设电子商务实验室平台店铺

该实训模拟了用户使用拍卖网站进行交易的整个流程，如图 2.1 所示。具体步骤描述如下。

第一步：用户发布自己的拍卖商品。
第二步：客户浏览拍卖的商品信息，选择想要竞买的商品参加竞拍。
第三步：查看详细的竞拍过程后，出价竞买。
第四步：卖主进入拍卖管理查看商品的竞拍信息。如果满意当前出价，点击成交，拍卖成功。

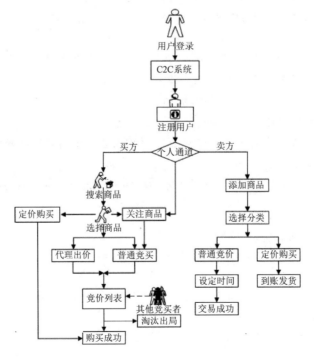

图 2.1　C2C 实验流程图

2.1.1 个人会员信息

1. 注册会员

第一步：在注册页面点击"免费注册"，进入用户填写页面(见图2.2)。

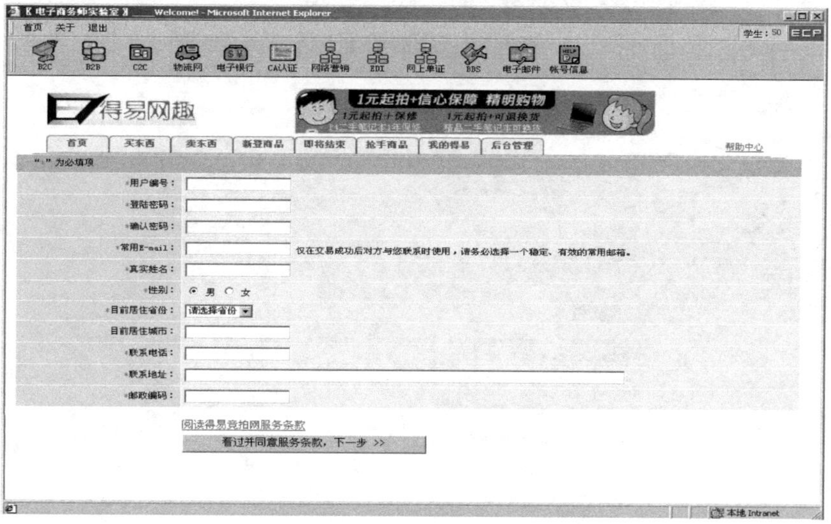

图 2.2 用户填写注册信息页面

第二步：按要求填写完毕后，点击"看过并同意服务条款"出现如图2.3所示的页面，申请完毕。

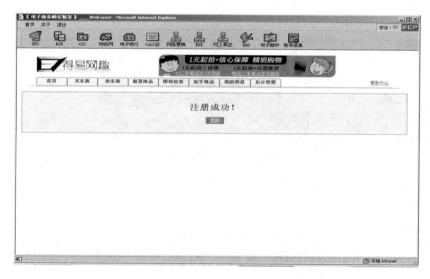

图 2.3 注册成功

2. 账户信息

此模块包含C2C的所有买卖操作信息。主要包括作为买家的竞标中的商品、已买入的商品；作为卖家的出售中的商品、已结束的商品；用户设置；用户信息修改；注销用户等。

1) 竞标中的商品

在"我是买家"下面点击"竞标中的商品"链接，进入商品信息介绍页面，在此可以看到商品的现在价格，如图 2.4 所示。

图 2.4　竞标商品列表

2) 已买入的商品

在"我是买家"下面点击"已买入的商品"链接，进入购买商品目录页面，可以看到商品信息，如图 2.5 所示。

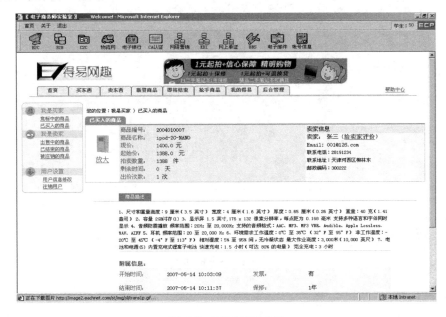

图 2.5　买入商品列表

3) 出售中的商品

在"我是卖家"下面点击"出售中的商品"链接，进入正在销售的商品页面，点击商品后，可以看到最新的竞价最高价格。

4) 已结束的商品

在"我是卖家"下面点击"已结束的商品"链接，进入已结束商品页面，如图 2.6 所示。

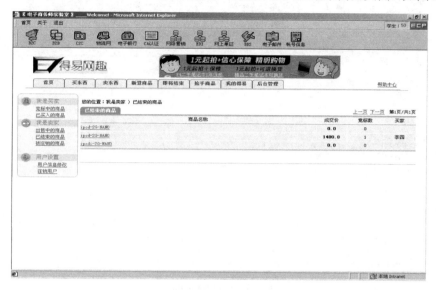

图 2.6　结束商品列表

5) 用户信息修改

在"用户设置"下面点击"用户信息修改"链接，进入用户信息修改页面，如图 2.7 所示，修改后，单击"确定"按钮修改完成。

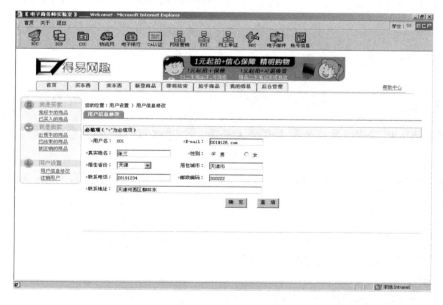

图 2.7　用户信息修改

6) 注销用户

在"用户设置"下面点击"注销用户"链接，进入注销用户页面，如图 2.8 所示，单击"确定"按钮后，用户名被删除，无法再使用该用户进行登录。

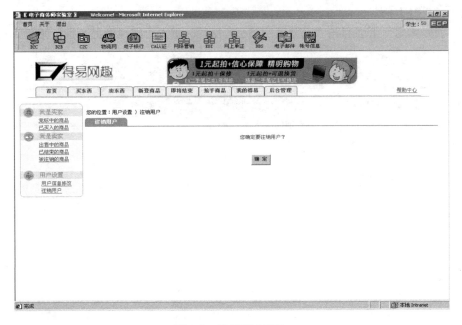

图 2.8　注销用户确认

3. 信誉评比

买家竞标商品成功，登录个人账户，查看"已买入商品"明细，点击给卖家评价就可以对卖家进行信誉评比。这里，不管交易过多少次，每位用户为另一位用户进行一次信誉评比。

2.1.2　买方行为

1. 搜索商品

要得到所有相关的商品列表，主要分为分类、关键字两种搜索方式。

1) 分类

在首页的商品分类结构或者买东西页面的商品分类，选择要搜索的类型，一层一层地往下找。

2) 关键字

在任何页面的搜索框里(见图 2.9)，输入要查询的若干与商品有关的关键字，单击"查询"按钮，即可得到所有相关的商品列表。

3) 搜索结果

按分类和关键字搜索的结果，将以列表形式呈现，如图 2.10 所示。

项目 2　C2C 商务模式实训

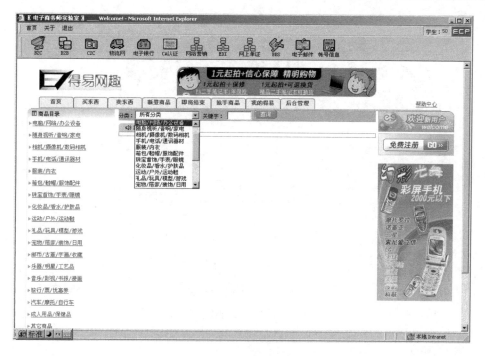

图 2.9　搜索页面

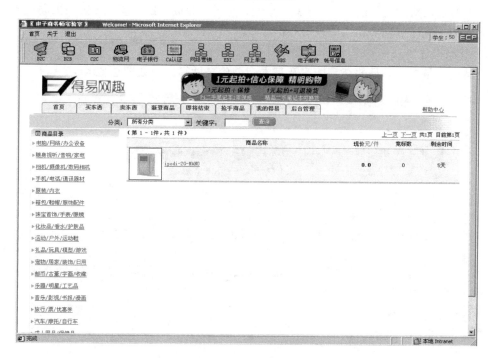

图 2.10　搜索结果列表

4) 产品信息

点击搜索结果中列出的产品名称，页面中将列出产品的详细信息，如图 2.11 所示。

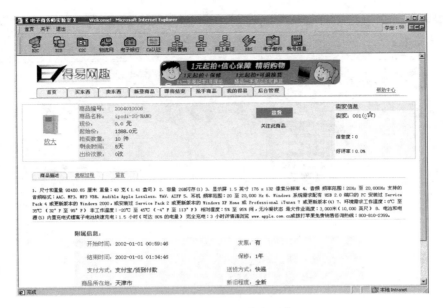

图 2.11 产品详细信息列表

2. 竞标商品

单击所要购买的商品的"详细信息"按钮，便进入该商品的买卖页面。该页面包括"商品描述"、"竞标过程"和"留言"3 个模块。

1) 商品描述

商品描述是对该商品的交易情况及基本商品信息做简介，如图 2.12 所示。

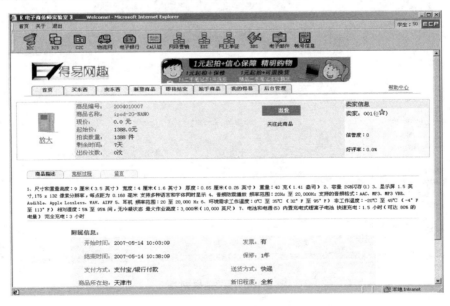

图 2.12 竞标商品描述

2) 竞标过程

第一步：点击"竞标过程"链接进入出价页面，如图 2.13 所示。

第二步：在"出价"文本框内填入比原始价高的价格，然后单击"出价"按钮。

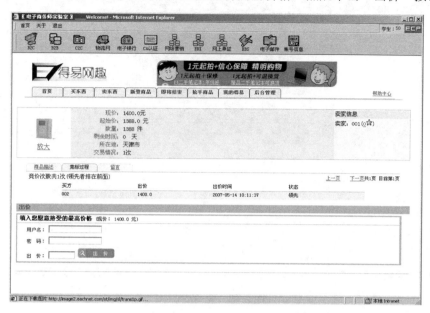

图 2.13　竞标页面

第三步：到确定页面(见图 2.14)，如果肯定出价则单击"确认"按钮，否定则单击"取消出价"按钮。

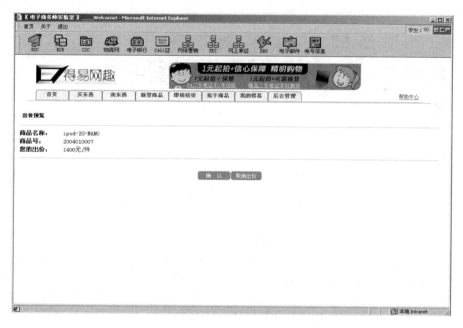

图 2.14　出价确认

第四步：出现成功页面后(见图 2.15)，单击"返回"按钮，出价信息便出现在竞标状态栏中，完成出价。

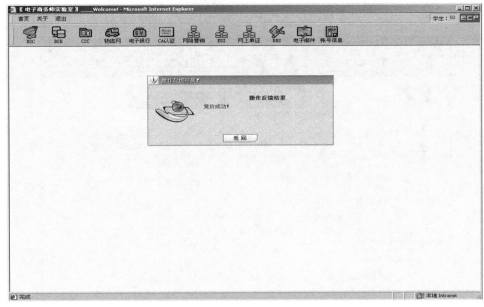

图 2.15 竞价成功

3) 留言

第一步：点击"留言"链接进入留言选择界面，如图 2.16 所示。

第二步：选择与身份相符的状态按钮(此时是买家)，单击"买家提问"按钮。

图 2.16 买家留言

第三步：在提问框中(见图 2.17)填入想要向卖家提出的问题，单击"提交"按钮。

第四步：返回留言页面(见图 2.18)，信息出现在留言框中。

项目2　C2C 商务模式实训

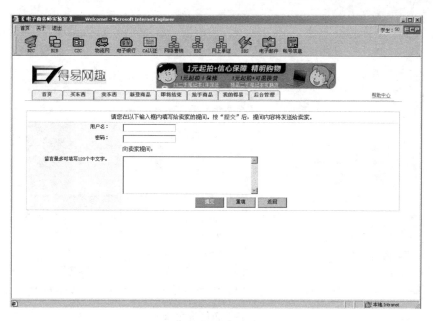

图 2.17　提问页面

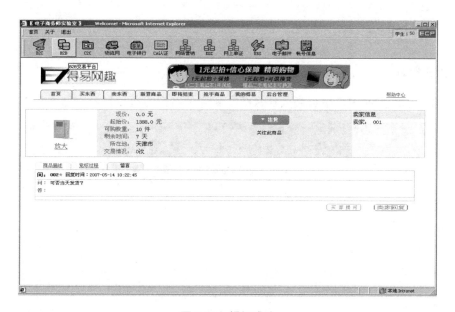

图 2.18　提问成功

3. 网上成交

1) 无底价竞标卖法

只设起始价，起始价就等于底价，有买家竞标即可成交。

2) 有底价竞标卖法

底价设置应大于或等于起始价，当竞标结束，有买家出价达到底价，即告竞标成功。竞标成功的买家按购买数量、出价高低依次与卖家网上成交，价高者得到所需数量的商品。底价在卖东西页面中设置，如图 2.19 所示。

图 2.19 有底价竞标

2.1.3 卖方行为

1. 新登商品

"新登商品"页面中是用户当天在系统上新登录出售的商品列表,见图 2.20。

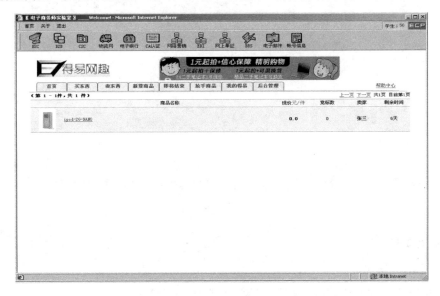

图 2.20 新登商品列表

2. 抢手商品

"抢手商品"页面中是所有竞标次数超过 5 的热门商品列表。

3. 即将结束

"即将结束"页面中是当天达到竞拍期限的商品列表。

2.1.4 后台管理

C2C 后台管理页面主要是为网站管理者提供网站运营的各种管理功能,包括登录日志查询、会员管理、组群设置、拍卖目录设置、拍卖商品管理等。管理员登录页面如图 2.21 所示。

图 2.21 管理员登录

1. 登录日志查询

系统日志监测页面(见图 2.22)可为管理员提供查看用户登录网站日志的功能,目的是为管理员更好地监控网站运行情况。

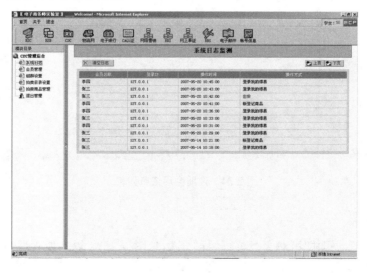

图 2.22 系统日志监测

2. 会员管理

在注册会员列表页面(见图 2.23)，管理者可以查看会员信息，并对会员进行组群设置分配。

图 2.23　注册会员列表

在注册会员列表页面的会员列表中，选中关注会员相应选择项，单击上方的"明细"按钮，将列出会员的详细信息，如图 2.24 所示。

图 2.24　注册会员信息列表

3. 组群设置

"组群设置"页面即可对会员进行组群分类(见图 2.25)，以方便管理员对众多的会员进行批量维护。

项目 2 C2C 商务模式实训

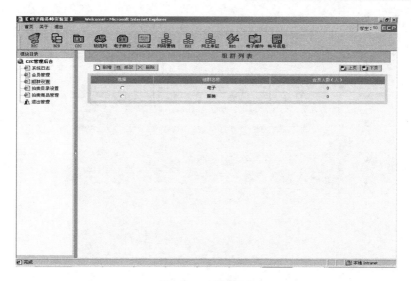

图 2.25 组群列表

4. 拍卖目录设置

进入拍卖目录设置页面，管理员在拍卖商品类别总列表(见图 2.26)可以对拍卖网站的商品目录进行添加、删除等维护工作。这里，已经启用的商品目录不可以删除。

图 2.26 拍卖商品类别总列表

5. 拍卖商品管理

进入拍卖商品管理页面，在拍卖商品总列表(见图 2.27)，可以对拍卖的商品进行注销等维护操作。

图 2.27 拍卖商品总列表

任务 2.2 开设淘宝店铺

淘宝免费开店需进行如下步骤。
第一步：注册淘宝会员。
第二步：申请支付宝实名认证。
第三步：参加淘宝考试。
第四步：填写店铺信息，发布宝贝。

2.2.1 申请认证

第一步：登录淘宝网www.taobao.com ，点击左上角的"请登录"，输入用户名、密码，登录成功后，再点击右上角"卖家中心"，见图 2.28。

图 2.28 卖家登录

第二步：如果没有设置支付宝账户需要首先进行实名认证(见图 2.29)。如果没有支付宝账户需要进行注册，在支付宝管理页面单击"立即注册"按钮(见图2.30)。

图 2.29　卖家中心页面

图 2.30　支付宝管理页面

继续选择个人商家，点击"注册"按钮(见图 2.31)，并填写注册信息(见图2.32)。
填写手机号码，获取验证码，其界面如图 2.33 所示。
接受验证码后，进入到验证账户信息页面(如图 2.34 所示)。
通过校验之后，支付宝会向之前注册的信箱发送激活邮件(如图 2.35 所示)。

图 2.31 注册用户种类选择页面

图 2.32 个人商家信息填写页面

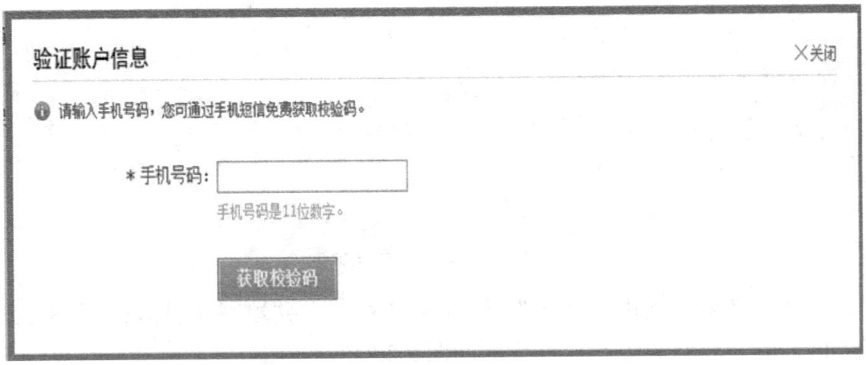

图 2.33 手机号码填写页面

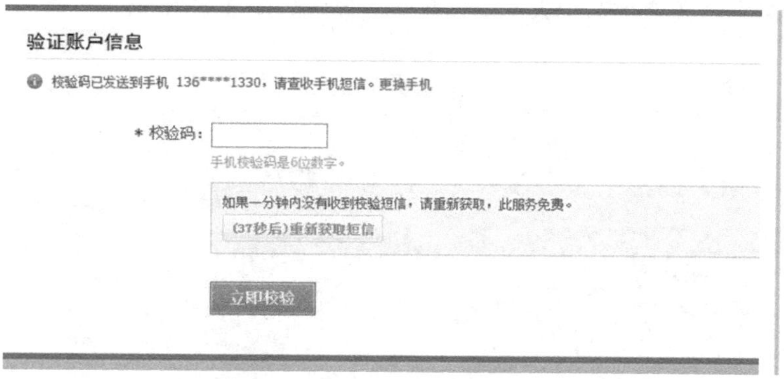

图 2.34　验证账户信息页面

图 2.35　验证账户邮件发送页面

进入电子邮箱，并在 24 小时内激活支付宝账户，其界面如图 2.36 所示。

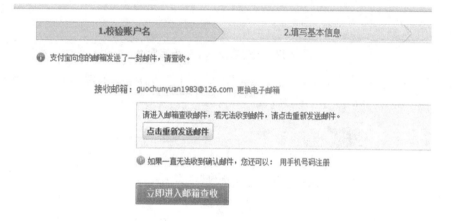

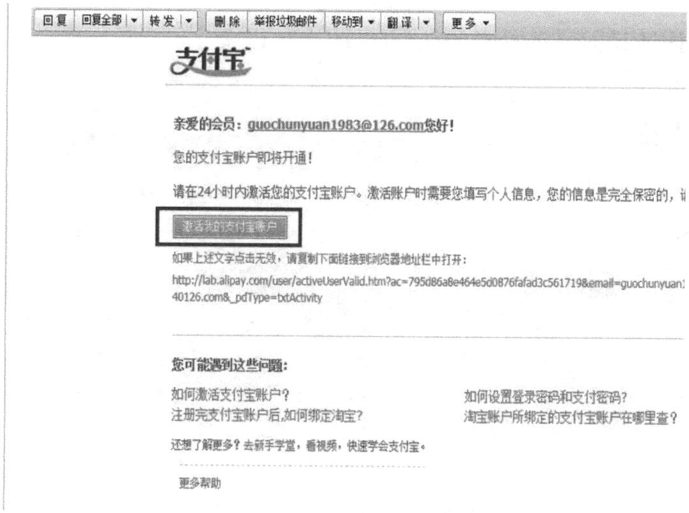

图 2.36　电子邮件中的激活账户页面

激活账号之后，需要填写个人基本信息，其界面如图 2.37 所示。

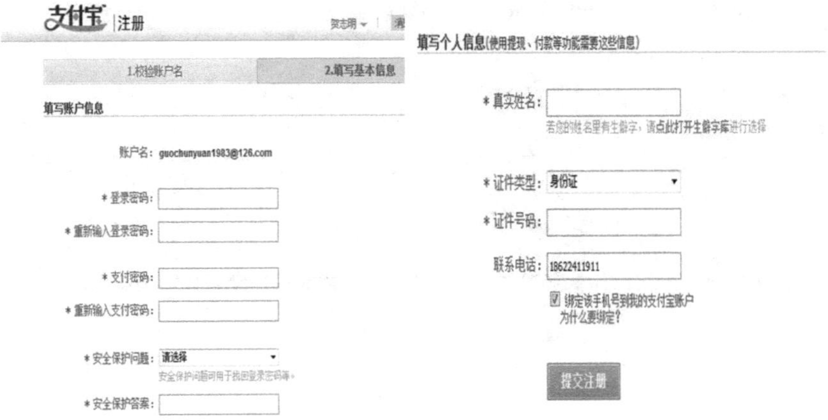

图 2.37 支付宝基本信息填写界面

第三步：填写完成基本信息之后，单击"提交注册"按钮，完成注册，系统将告知注册成功(见图 2.38)，此时点击"实名认证"链接。

图 2.38 支付宝注册成功通知界面

进入支付宝实名认证界面，选择普通认证(见图 2.39)。

图 2.39 支付宝实名认证方式选择界面

在会员实名认证界面中,完成所有带"*"的部分,然后单击"下一步"按钮进入银行卡信息认证界面(见图2.40)。

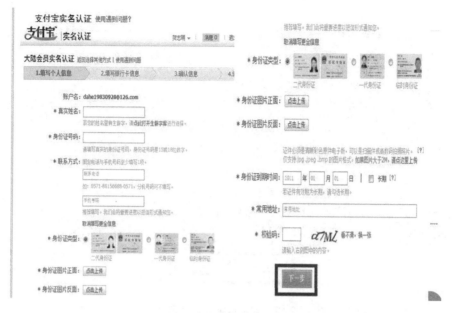

图2.40 支付宝大陆会员实名认证个人信息界面(1)

进入填写银行信息界面之后,完成所有带"*"的部分,然后单击"下一步"按钮,确认所填写的信息(见图2.41)。

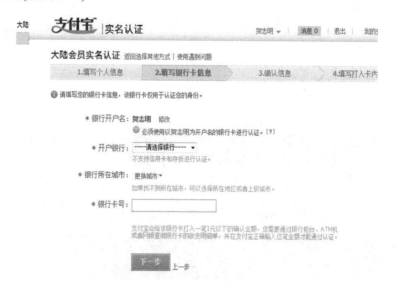

图2.41 支付宝大陆会员实名认证个人信息界面(2)

如果所填写的信息存在问题,可以单击"返回修改"按钮;反之,提交信息,完成认证,如图2.42所示。

图 2.42　实名认证确认信息界面

提交完认证信息之后，可以在我的支付宝界面，参看当前的认证状态(见图2.43)。

图 2.43　我的支付宝界面

进入查询认证界面后，可以了解到当前的进度状态，"支付宝已经支付了1元的确认金额"，与此同时在"消息"中也可以了解到简短的状况(见图2.44)。

也可以查询升级认证的进度查询，如图2.45所示。

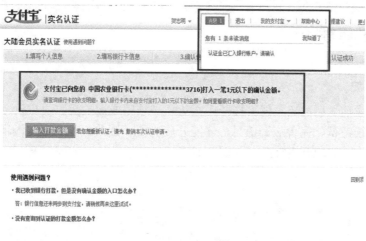

图 2.44　认证信息确认界面

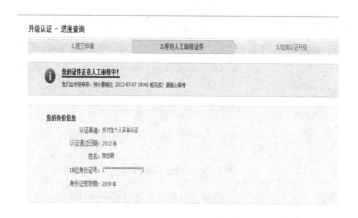

图 2.45　升级认证进度查询

升级认证成功之后，会在"消息"栏显示补全认证完成的简讯，同时也将显示具体信息(见图 2.46)。这标志支付宝实名认证完成了。

图 2.46　升级认证成功

2.2.2 开设店铺

1. 免费开店

实名认证成功之后，还不能直接开店卖货。必须完成淘宝卖家中心设定的3个任务，开店认证、在线考试、完善店铺信息，才能开店卖货。因此，需要进入淘宝卖家中心，选择"免费开店"，完成开店任务，如图2.47所示。

图 2.47 淘宝卖家中心

点击"免费开店"之后，将显示需要完成的三个任务(见图 2.48)。按照自上往下的顺序，首先实施任务一，开店认证。因为之前已经完成实名认证，所以接下来只需要按照页面提示输入身份证号码，上传指定要求的照片，完成身份信息认证即可，如图2.49所示。

图 2.48 免费开店任务

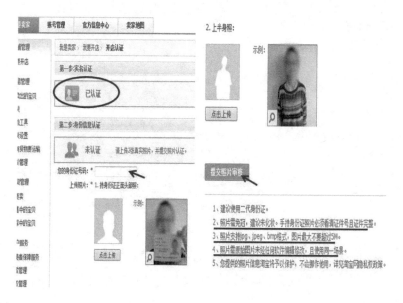

图 2.49　身份信息认证

此步操作结束后，淘宝网会在三日内审核身份认证。再完成接下来的两个任务就可以开店了。而网店和实体店一样必须诚信经营，因此需要同意"诚信经营承诺书"，否则不能经营，该承诺书如图 2.50 所示。

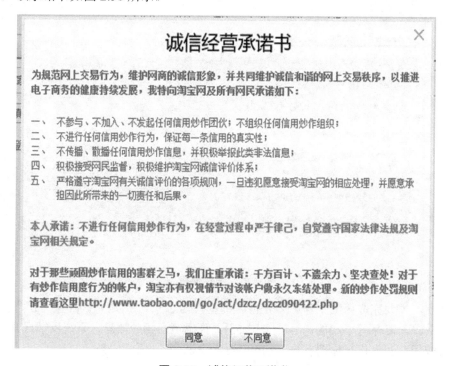

图 2.50　诚信经营承诺书

接下来完成第二个任务"免费开店考试"，进入"免费开店考试"页面，完成 20 道选择题后，提交给系统评分(见图 2.51)。成绩达到 60 分以上，才能通过，如图 2.52 所示。

图 2.51 考试试题

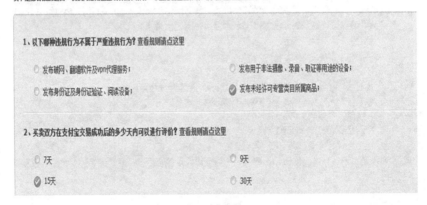

图 2.52 考试成绩

再之后，需要完成第三个任务"完善店铺基本信息"。从卖家中心中点击"填写店铺信息"，完成含带有星号(*)的内容(见图 2.53)。正确填写相应信息，系统反馈成功提交后，就大功告成了。恭喜你！你拥有自己的网店了，如图 2.54 所示。

项目2　C2C商务模式实训

图 2.53　店铺基本信息

图 2.54　成绩合格

虽然拥有了自己的网店，但是为了能够吸引更多的买家，需要对自己的小店进行初步更改。如图 2.55 所示，点击"店铺基本设置"，在图 2.56 所示页面中进行店名和店标的修改。

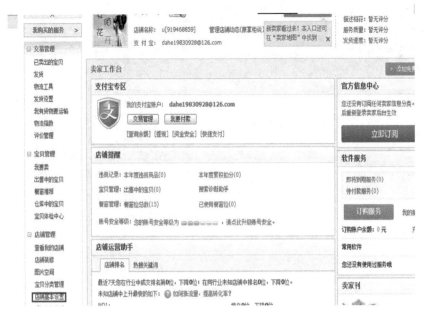

图 2.55 卖家工作平台

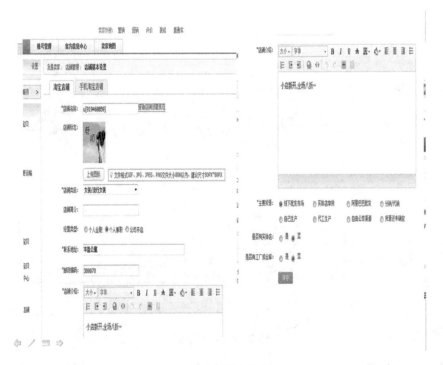

图 2.56 店铺基本信息(1)

对于制作店标而言,最重要的是将数字编码状态的店名进行变更,个性化的店名能够吸引更多的顾客,如图 2.57 所示。

图 2.57　店铺基本信息(2)

接下来，为了能够与买家更好地交流，需要下载和安装阿里旺旺。

在主页导航栏中选择网站导航菜单中的"更多内容"选项，在导购工具栏目下选择"旺旺"，选择"卖家用户"进行下载，下载完成后按照操作提示安装即可，如图 2.58 所示。

图 2.58　旺旺卖家用户

2. 简单店铺装修

第一步：风格设置。进入"卖家中心"页面(见图 2.59)。在店铺管理中选择"店铺装修"进行风格设置(见图 2.60)，可以选择不同的店铺风格。

第二步：选择完风格之后，可以对公告栏进行设计，输入想让顾客看到的内容，展现个性化的网站。如图 2.61 所示，点击编辑新出现的画面。如图 2.62 所示，加入素材和编辑文字。

图 2.59 "卖家中心"页面

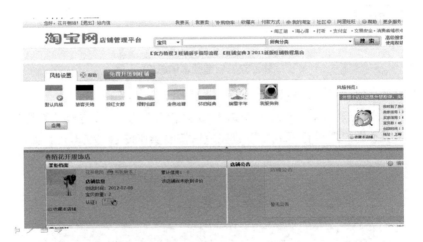

图 2.60 设置店铺装修风格

图 2.61 店铺公告页面

第三步:店铺设计完毕,之后就可以发布商品。登录到卖家中心选择"我要卖",如图 2.63 所示。

项目 2　C2C 商务模式实训

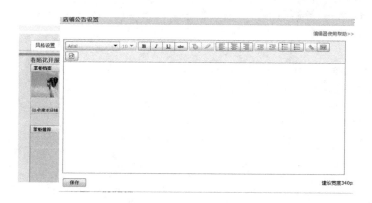

图 2.62　"店铺公告设置"页面

图 2.63　在"卖家中心"选择"我要卖"

关于出售的商品方式，可以选择出售一口价商品，也可以选择拍卖商品，甚至可以把个人闲置的二手商品进行出售，如图 2.64 所示。

图 2.64　选择商品出售方式的页面

这里以一口价的方式举例说明，填写完宝贝信息之后，点击"发布"即可，如图 2.65 所示。

图 2.65 "一口价发布"页面

2.2.3 宝贝出售中

第一步：进入"卖家中心"页面，选择"出售中的宝贝"，如图 2.66 所示。

图 2.66 选择"出售中的宝贝"

选择"编辑宝贝"，可以对于已经发布的宝贝内容进行编辑，其页面如图 2.67 所示。

项目2 C2C商务模式实训

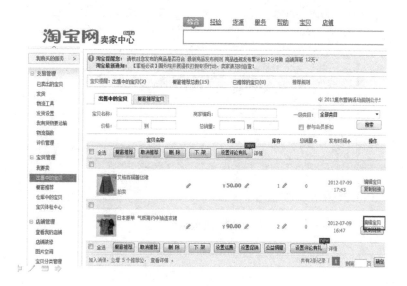

图2.67 "出售中的宝贝"的编辑页面

如果要推荐商品，在"宝贝管理"栏目下选择"橱窗推荐"，在如图2.68所示的页面中选择要推荐的商品后，单击"完成"按钮即可。

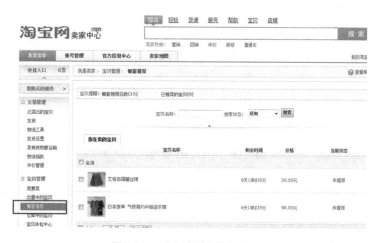

图2.68 "橱窗推荐"页面

第二步：出售第一件宝贝。网店里的设定完毕后，就等着买家拍下宝贝后，淘宝旺旺会发给卖家宝贝被拍下的消息，如图2.69所示。

第三步：修改价格。在与卖家的讨价还价过程中，如果卖家同意给买家一定的折扣，就需要修改宝贝的价格。在卖家中心中，点击"已卖出的宝贝"，如图2.70所示。在弹出来的界面中，对于宝贝的价格，运费等进行修改，如图2.71所示。

买卖双方就价格达成一致后，买方就可以付款了。买方支付完成后淘宝旺旺会给卖方提示信息(见图2.72)。卖方也应该及时地安排发货，如图2.73所示。

第四步：物流配送。如果买方要求修改收货地址，卖方也应该在"发货"页面中及时进行修改，并选择系统提供物流服务的公司，如图2.74所示。

55

图 2.69　淘宝系统消息

图 2.70　"已卖出的宝贝"页面

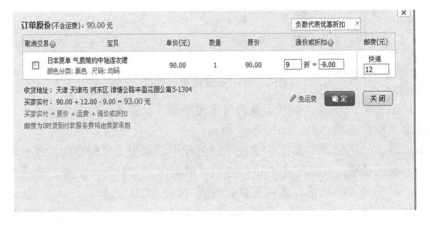

图 2.71　修改折扣

项目2 C2C商务模式实训

图 2.72 成交消息

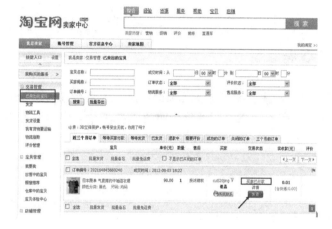

图 2.73 安排发货页面

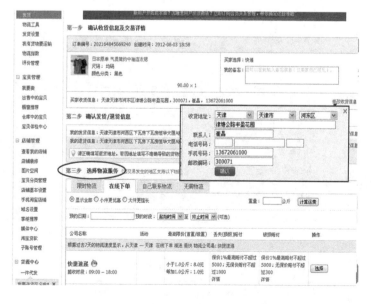

图 2.74 选择物流服务

为了方便买方收货，卖方可以对收货时间适当进行延长，如图2.75所示。

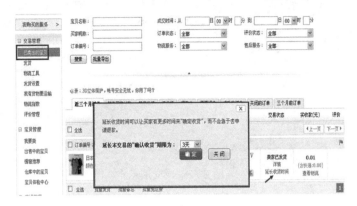

图 2.75　延长确认收货时间

2.2.4　宝贝成交后

第一步：评价买家。进入"我是卖家"页面，在"已卖出的宝贝"页面中选择"评价"，如图2.76所示，并对买家的状态进行评价，如图2.77所示。买卖双方相互评价之后，可以提高信用，如图2.78所示。

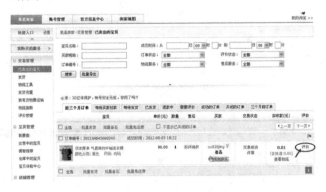

图 2.76　"已卖出的宝贝"页面

图 2.77　评价

项目 2　C2C 商务模式实训

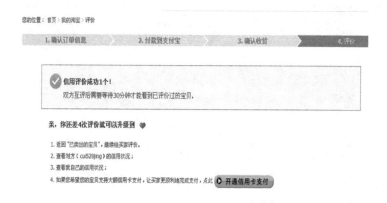

图 2.78　评价结果

第二步：款项处理。安装数字证书，初次使用支付宝的买家会在"我的支付宝"页面中看到账户安全程度低的提示，解决的办法是安装数字证书。在此页面中单击"立即安装"按钮，以保证卖家账户的安全，如图 2.79 所示。

图 2.79　选择安装数字证书

在出现的"安全中心"页面中单击"申请数字证书"按钮，如图 2.80 所示，然后在接下来的画面中填写基本信息，如图 2.81 所示，提交完基本信息之后，需要完成手机验证，如图 2.82 所示，最后系统将显示安装成功的提示，如图 2.83 所示。

图 2.80　申请数字证书

图 2.81　填写信息

图 2.82　短信校验

项目 2　C2C 商务模式实训

图 2.83　成功提示

从支付宝中提现。在"我的淘宝"页面,点击"我的支付宝",如图 2.84 所示。在"我的支付宝"界面中,单击"提现"按钮,添加一张可以存入现金的银行卡,如图 2.85 所示。然后,输入需要提现的金额,如图 2.86 所示。

图 2.84　我的淘宝

图 2.85　我的支付宝

图 2.86　申请提现

单击"下一步"按钮,在"提现确认"界面中输入支付宝密码(见图 2.87)。密码正确后,系统将提示提现成功的信息,如图 2.88 所示。

图 2.87　提现确认

图 2.88　提现成功

"我的支付宝"页面还提供查看账户明细的功能，如图 2.89 所示。

图 2.89　我的支付宝

进一步选择查看卖出交易明细和买入交易明细，如图 2.90 所示。

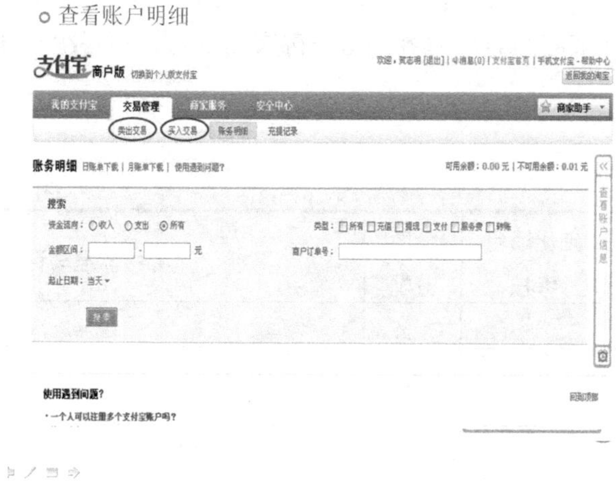

图 2.90　交易管理

处理退款。如果顾客要求退款，淘宝旺旺会给卖家提示(见图 2.91)。之后，需要在退货管理中，决定退款还是发货，如图 2.92 所示。

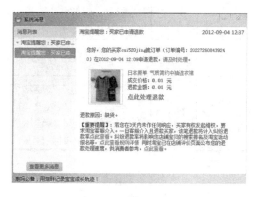

图 2.91　退货消息

图 2.92　退货管理

【实训总结】

总结网上开店各环节应注意的内容，写一份实训报告，不得少于 800 字。

【实训考核】

课程名称	考核单元	细化项目考核	分数分配	考核标准与评分办法	
C2C 商务模式			100		
	通用能力考核		40		
		基本素质	40	1. 自立、自律能力 2. 学习发展能力 3. 交流、表达能力 4. 团队合作能力 5. 评判、创新能力 6. 信息技术能力 7. 刻苦、耐劳能力 8. 应急应变能力	5 分 5 分 5 分 5 分 5 分 5 分 5 分 5 分
	营销实务能力		60		
		市场调查技术	20	1. 熟练运用网上开店技术 2. 信息资料的真实可靠性 3. 信息资料的准确适用性 4. 信息资料的时效性	5 分 5 分 5 分 5 分

续表

课程名称	考核单元	细化项目考核	分数分配	考核标准与评分办法	
		项目总结报告	40	1. 项目分析报告有针对性 2. 项目分析报告具有可行性 3. 观点鲜明 4. 资料翔实 5. 论证充分 6. 分析到位	10分 10分 5分 5分 5分 5分
备 注					

项目 3　B2B 商务模式实训

【任务引入】

阿里巴巴 B2B

阿里巴巴 B2B(1688.com)公司是全球电子商务的领先者和中国最大的电子商务企业，是电子商务服务的平台服务提供商。1688.com 以批发和采购业务为核心，通过专业化运营，完善客户体验，全面优化企业电子商务业务模式。目前，1688.com 已覆盖原材料、工业品、服装服饰、家具百货、小商品等 16 个行业大类，提供动原材料采购——生产加工——现货批发等一系列的共赢服务。其独具中国特色的 B2B 电子商务模式为中小企业创造了崭新的发展空间，在互联网上建立了一个诚信的商业体系。

1. B2B 公司业务里程碑

1999 年，本为英语教师的马云与另外 17 人在中国杭州市创办了阿里巴巴网站，为小型制造商提供了一个销售产品的贸易平台。其后，阿里巴巴茁壮成长，成为主要的网上交易市场，让全球的中小企业透过互联网寻求潜在贸易伙伴，并且彼此沟通和达成交易。

1999 年，阿里巴巴集团成立。

2000 年 10 月，推出"中国供应商"服务以促进中国卖家出口贸易。

2001 年 8 月，为国际卖家推出国际站"诚信通"会员服务。

2002 年 3 月，为从事中国国内贸易的卖家和买家推出中国站"诚信通"服务。

2002 年 7 月，国际交易市场推出"关键词"服务。

2003 年 11 月，推出通信软件"贸易通"，让买方和卖方通过网络进行实时沟通交流。

2005 年 3 月，中国交易市场推出"关键词竞价"服务。

2007 年 3 月，中国交易市场推出客户品牌推广展位服务。

2007 年 9 月，在三个主要地区推出阿里软件外贸版，在中国交易市场推出黄金展位服务。

2007 年 10 月，与中国建设银行及中国工商银行合作为中小企业提供商业贷款。

2007 年 11 月，阿里巴巴成功于香港交易所主板上市。

2007 年 12 月，推出更新版阿里巴巴日本网站。

2008 年 3 月，阿里巴巴成为恒生综合指数及恒生流通指数成分股。

2008 年 4 月，中国交易市场推出"Winport 旺铺"服务，为中小企业提供企业建站，帮助中小企业迈开网上生意第一步。

2008 年 6 月，"诚信通个人会员"服务正式上线，帮助企业发展中国国内贸易。

2010 年 3 月，www.1688 正式上线。

2012年9月，1688.com推出主题为"中国好货源"的备货狂欢节活动，活动首日线上交易额上涨10倍，在线交易平台初具规模。

2013年6月，1688.com注册会员突破1亿。

2013年11月，在"1118备货狂欢节"中，1688.com交出了单日交易额超45亿的答卷，实现从信息平台到交易平台的转型。

2014年9月19日，阿里巴巴在美国纽约证券交易所正式挂牌上市。

2. 电子商务业务模式内容和创新

在市场经济成熟的美国，各行业前三大公司掌握着绝大多数的市场和资源，基本上所有的电子商务都是为这些大公司服务。但中国99%的企业都是中小企业，市场经济环境与美国迥然不同，这就决定了中国要发展电子商务就只能为中小企业服务，它不应该是美国电子商务的 B2B(Business To Business) 概念，而应是商人对商人(Businessman To Businessman)的模式。通过互联网建立商务网站，可以帮助中国企业出口，也可以帮助国外企业进入中国；另外，中小企业和民营经济是推动中国经济高速发展的重要力量，中小企业使用电子商务是一种趋势。因此在1999年，阿里巴巴正式创立，其使命是"让天下没有难做的生意"。1688.com经过14年的发展实现了以下业绩。

(1) 成为全球首个B类注册用户超过1.2亿的平台。

(2) 每天超过1200万客户来访；每天产生1.5亿次在线浏览。

(3) 有1 000万企业开通公司商铺，覆盖服装、家居、工业品等49个一级行业，1 709个二级行业。

(4) 2013年来自淘宝的卖家占1688.com全站买家的一半以上。

(5) 2014年美国东部时间9月19日上午，阿里巴巴正式在美国纽约证券交易所挂牌交易，这是纽约证券交易所史上最大的一单IPO。阿拉巴巴的名字和Google、Facebook、Amazon一起，被视为全球最有价值的科技公司之一。

(6) 目前，1688.com已和全国百强产业带签约达成合作，带动产业带政府实现电商化，更加效率地服务更多线上的采购批发商。

> 1688.com经过14年的发展
> √全球首个B类注册用户超过1.2亿的平台；
> √每天超过1200万客户来访；每天产生1.5亿次在线浏览；
> √有1000万企业开通公司商铺，覆盖服装、家居、工业品等49个一级行业，1709个二级行业；
> √2013年，来自淘宝的卖家占1688.com全站买家的一半以上；
> √目前，1688.com已和全国百强产业带签约达成合作，带动产业带政府实现电商化，更高效率地服务更多线上的采购批发商。

(阿里巴巴网站)

问题：

1. 阿里巴巴 B2B 为何广受中小企业欢迎？
2. 什么是 B2B？
3. 如何建立阿里旺铺？

【任务要求】

通过模拟实验系统，练习能独立运用不同角色(买方、卖方)参与拍卖，体验个人与个人的网上交易流程，以及因此涉及的交易方式、信用等，通过淘宝网实训练习独立进行购物与开店的能力。

- 认知 B2B 第三方交易平台的特点。
- 熟悉阿里巴巴 B2B 第三方交易平台操作流程。
- 掌握 B2B 第三方交易平台技巧。
- 能够利用 B2B 平台为企业创造效益。

【任务实施】

任务 3.1　电子商务实验室 B2B 交易

3.1.1　企业会员信息

1. 会员注册

为了电子商务交易的安全性，无论是供应商还是采购商在进行操作前都要申请 CA 数字证书。这里为了方便操作，在企业用户注册时，自动完成证书申请。只需在注册完成后，根据系统发到电子信箱中的证书编号和下载密码将 CA 证书下载到本地，便可以在登录时成功地通过身份验证。

1) 会员注册流程

第一步：客户点击 B2B 首页，选择"会员注册"登录电子交易平台会员注册页面，如

图 3.1 所示。

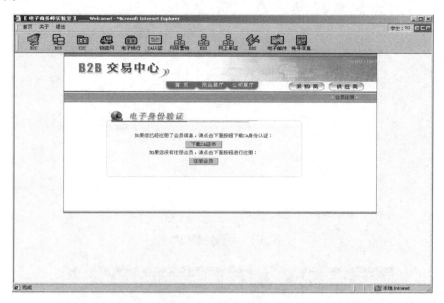

图 3.1 会员注册页面

第二步：客户填写注册资料及数字证书信息，如图 3.2 所示，并提交申请。

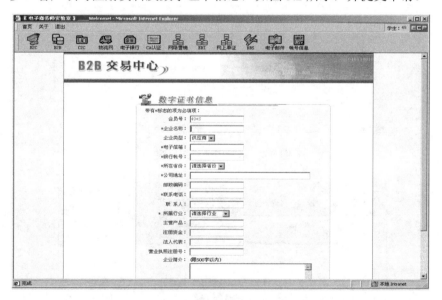

图 3.2 数字证书填写页面

第三步：系统自动审核资料，同意注册。

第四步：注册流程结束，如图 3.3 所示。系统给出 CA 证书编号和密码，同时把 CA 证书编号和下载密码发往电子信箱，如图 3.4 所示。

2) 下载 CA 证书

第一步：进入会员注册页面，单击"下载 CA 证书"按钮进入证书下载页面，如图 3.5 所示。

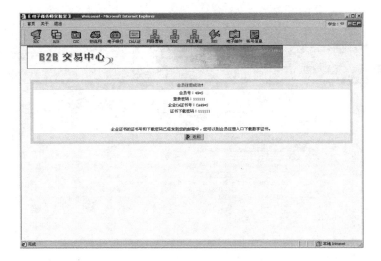

图 3.3　会员注册成功

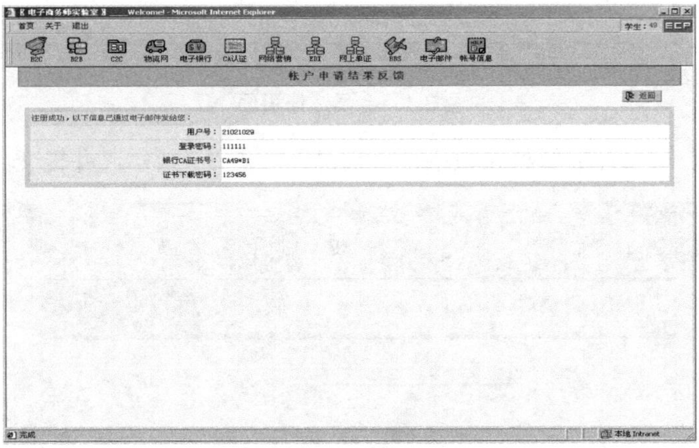

图 3.4　账户申请结果反馈

图 3.5　证书下载页面

第二步：输入 CA 证书编号和下载密码，如图 3.6 所示，完成下载。

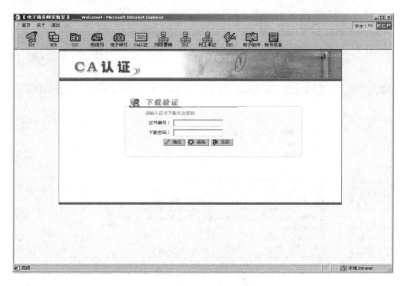

图 3.6　数字证书下载

2. 购物车

购物车是提供购物支持，允许购物者来查看、更改、删除当前所购买的商品，同时生产订货单和询价单的依据。其操作流程如下。

第一步：通过页面浏览查看价格，如图 3.7 所示，选择合适的商品。

图 3.7　B2B 交易首页

第二步：进入产品采购区，如图 3.8 所示，查看产品详细信息。

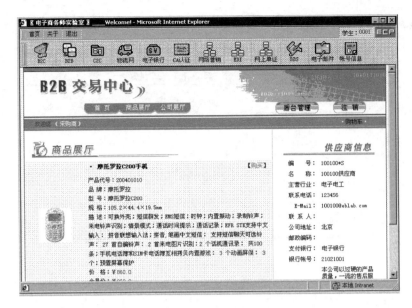

图 3.8 商品展厅

第三步：点击需要购买的商品，将购买的商品放入购物车，如图 3.9 所示。

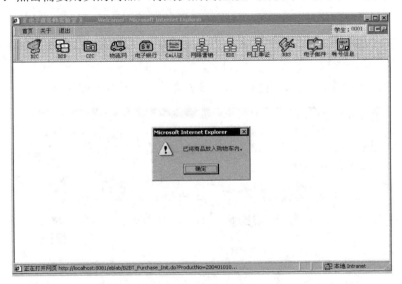

图 3.9 放入购物车

第三步：进入"购物车"界面，此时可以有 4 项选择，"生成订货单""生成询价单""重新计价""删除"，如图 3.10 所示。

1）生成订货单

第一步：确定所要采购的商品，点击"生成订货单"。

第二步：进入订货单页面，选择支付方式和交货日期，单击"确定"按钮，生成"订货单"，如图 3.11 所示。

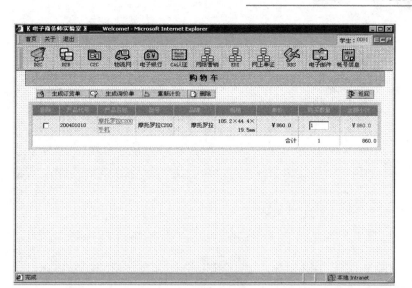

图 3.10 购物车

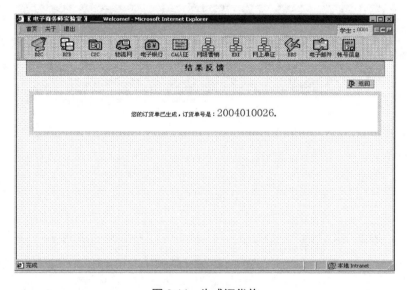

图 3.11 生成订货单

2) 生成询价单

第一步：确定所要询价的商品，点击"生成询价单"。

第二步：进入询价单页面，如图 3.12 所示，填写询价内容，单击"生成询价单"按钮。

3) 重新计价

填写单据里的"购买数量"，单击"重新计价"按钮，完成计价过程。

4) 删除

选择要删除的单据单击"删除"按钮，单据删除完成，如图 3.13 所示。

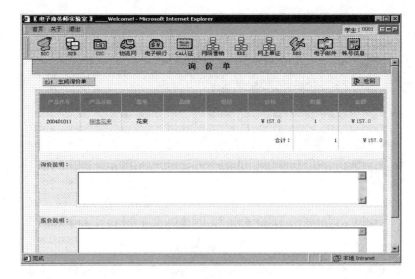

图 3.12 询价单

图 3.13 删除成功

3. 申请签约商户

签约商户是指采购商与供应商签订了长期销售合约的一种合作伙伴身份。采购商为了能获得更好的折扣率和更长的付款期限，可以向供应商申请为签约商户，供应商根据以往的付款历史记录，给出相应的折扣和信誉额度。申请签约商户的具体流程如下。

第一步：以采购商身份登录，在首页中进入产品采购区，如图 3.14 所示，采购商想与哪个供应商签约，就选择相应的供应商的产品，进入该产品采购区。

第二步：单击"申请成为签约商户"按钮，系统进入签订协议页面，如图 3.15 所示，采购商选择同意。

第三步：系统提示"您的申请材料已经提交成功，请等待供方审批"，如图 3.16 所示。

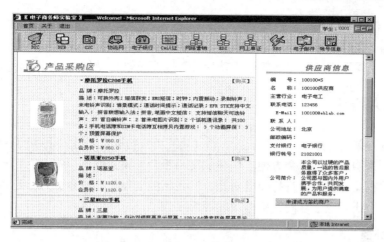

图 3.14　产品采购区

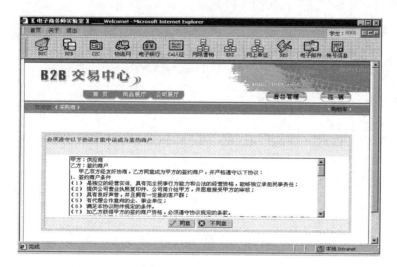

图 3.15　申请签约用户

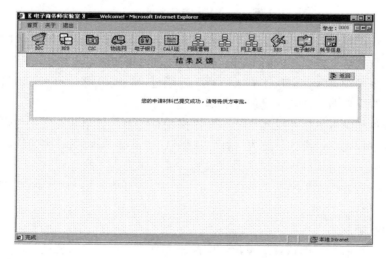

图 3.16　申请成功

第四步：供应商进入后台管理/客户管理，选择需要签约的采购商，点击"客户明细"。供应商为采购商选择信誉等级和信誉额度，单击"确定"按钮完成签约过程。

第五步：当采购商和供应商签约成功后，采购商可以享受供应商给的会员价格。

3.1.2　买方行为

采购商进入首页，点击"采购商"，通过采购商身份验证，进入采购商后台管理页面。

该页面为采购商提供一个方便、快捷的交易平台，采购商可以在此对自己的采购进行跟踪管理，并在此与供应商进行交易对话。其包括的功能有：订单处理、订单查询、应付款查询、网上洽谈、电子合同、招标管理等。

1. 订单处理

采购商点击"订单处理"，如图3.17所示。

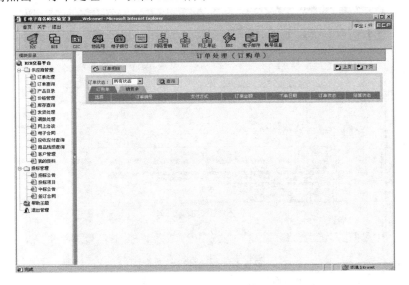

图3.17　采购商订单处理

采购商在该模块对订单进行二次确认和收货确认。订购单是采购商在"购物车"界面中选择"生成订货单"方式生成的单据。其具体处理流程如下。

第一步：采购商进入首页点击"采购商"，通过"采购商身份验证"，进入采购商后台管理的订单管理页面，查询未受理订购单。

第二步：如果供应商拒绝受理订购单，则撤销订购单，订单状态变为"作废"；如果供应商同意受理订购单，则订单变为"待二次确认"，等待采购商二次确认。

第三步：采购商进入订单管理页面，查阅"待二次确认"的订购单。

第四步：采购商选择单据状态为"待二次确认"的订单，单击"订单明细"按钮，对该订单进行"确认"，单据状态变为"销售处理"；如果不想购买，则选择"订单撤销"单据，则订单状态变为"作废"。

第五步：系统收到已确认订购单，供应商进入首页，点击"供应商"，通过"供应商身份验证"，进入供应商后台管理的供应商订单处理页面，生成销售单。

1) 待受理

采购商在前台交易平台采购商品生成订单后，订单状态为待受理。

2) 待二次确认

第一步：选择待二次确认的订单，单击"订单明细"按钮。

第二步：进入"订单明细"页面，在此进行订单确认，只要单击"订单确认"按钮便完成。

作废：采购商发出的"待受理"订单，供应商不受理，单击"撤销"按钮，该订单状态变为"作废"。

3) 送货完成

第一步：选择送货完成的订单，单击"订单明细"按钮。

第二步：进入明细，在此确认送货完成，只要单击"收货确认"按钮便完成操作。

2. 订单查询

采购商进入首页点击"采购商"，通过"采购商身份验证"，进入采购商后台管理的订单查询页面，在此采购商可以查询想要了解的各种数据，包括订单编号、订单状态、结算方式、结算状态、单据日期等查询方式。

在相应的方式填写或选择所要查询的内容，单击"查询"按钮，单据查询出来后，选择所要查看的单据，单击"订单明细"按钮，便可查看单据的明细。

3. 应付款查询

采购商进入首页，点击"采购商"，通过"采购商身份验证"，进入采购商后台管理的应付款查询页面，如图 3.18 所示。本模块记录了采购商与各商家之间的资金流动情况，同时采购商可以在此对所有单据进行结算。

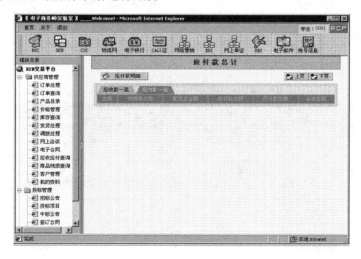

图 3.18　应付款查询

1) 应付款查询

第一步：选择要查询的供应商，单击"应付款明细"按钮。

第二步：选择要查看的时期，单击"查询"按钮。

2) 电子支付

第一步：点击"应付款查询"，进入应付款总计，选择供应商，单击"应付款明细"按钮，进入应付款明细页面。

第二步：选择需要查看的订单，单击"订单明细"按钮。

第三步：审核订单后，单击"订单结算"按钮，系统弹出身份验证框。

第四步：采购商选择正确的 CA 证书号码，电子银行检查采购商的 CA 证书，如果正确，系统将采购商的订单信息(商户代码，订单号、交易金额)发送给电子银行，并转移到电子银行的电子支付页面，填写支付密码，单击"确定"按钮。

第五步：银行接收支付信息，如果转账成功，反馈支付成功信息给客户。

3) 银行转账

第一步：登录电子银行的企业网上银行。

第二步：点击"电子银行"→"转账业务"。

第三步：填入转出账号(供应商的银行账号)和金额(支付货款金额)，单击"确定"按钮即可完成转账业务。

第四步：进入首页点击"采购商"，通过"采购商身份验证"，进入采购商后台管理的"应付款查询"→"订单明细"页面，选择需要结算的支付方式为"银行转账"的订单，单击"订单明细"按钮进入。

第五步：审核订单后，点击"订单结算"，系统自动发结算信息给相应的供应商。

第六步：供应商收到结算信息后，对该订单进行收款确认。

4. 网上洽谈

采购商(供应商)进入首页，点击"采购商(供应商)"，通过采购商(供应商)身份验证，进入采购商(供应商)后台管理的"网上洽谈"页面，网上洽谈方式是一种通过网上洽谈来商定价格、签订电子合同的交易方式。其具体流程如下。

第一步：采购商在"购物车"界面中生成询价单，询价单状态为"询价"。

第二步：供应商进入"网上洽谈"页面，如图 3.19 所示，选择单据状态为"询价"的询价单。

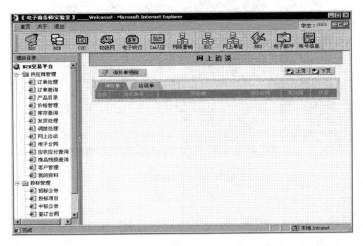

图 3.19　"网上洽谈"页面

第三步：供应商根据情况报出合理的价格，单击"提交"按钮，"询价单"状态变为"报价"。

第四步：采购商进入网上洽谈，点击询价单状态为"报价"的订单，单击"生成洽谈单"按钮。

第五步：洽谈单生成，采购商选择"双方不同意"的洽谈单，单击"洽谈单明细"按钮，进入洽谈单页面。

第六步：采购商进入网上洽谈，点击洽谈单页面，选择需要洽谈的单据，在电子合同洽谈室里与相应的供应商进行洽谈，填写洽谈内容，然后单击"提交"按钮。

第七步：供应商进入网上洽谈，点击洽谈单页面，选择相应的洽谈单据，在电子合同洽谈室里与采购商进行洽谈，填写洽谈内容，确定质量要求、检验方法、确定交货地点、付款方式等，然后单击"提交"按钮。这里注意，只要其中一方已经同意，则合同内容就不能更改。

第八步：洽谈完成后，双方达成一致协议，由其中任何一方填写洽谈内容，填写完合同信息，单击"提交"按钮，把洽谈内容提交。一方看完有关合同信息中的洽谈内容并同意，单击"同意"按钮，洽谈状态显示"一方同意"；另一方看过洽谈内容后，单击"同意"按钮，洽谈合同状态显示"双方同意"。

第九步：完成洽谈过程，生成待签订的"电子合同"。

1) 询价单

选择单据，点击"询价单明细"，填入询问事宜，确认询价单，等待对方报价。

2) 洽谈单

选择单据，点击"洽谈单明细"，在洽谈页面有两种操作：一是洽谈；二是提交电子合同。

3) 洽谈

在填写框中填写您与供应商的洽谈内容，填写完毕后，单击"提交"按钮完成。

5. 电子合同

本部分为模拟电子合同的签订过程。在网上洽谈中生成的待签订的合同，在本模块进行签订。其具体流程如下。

第一步：采购商进入电子合同模块，选择甲方没有签订的合同，单击"合同明细"按钮。

第二步：进入合同明细，单击"签订合同"按钮，完成采购商合同签订。

6. 招标管理

本部分练习网上招标采购过程。采购商在后台可以设置公开招标，按照系统预先设计好的招标书的格式进行招标书的发布，供应商投标，投标成功后，双方签订合同，形成采购单，并进入B2B销售单的处理流程中，实现后继的销售及配送的全过程。

第一步：采购商新建招标项目，填写招标须知等信息，如图3.20所示。

第二步：采购商发布招标公告，如图3.21所示。

第三步：供应商下载提交标书后，采购商组织评定标书，确定中标单位。

第四步：采购商发布中标公告，如图3.22所示，通知中标单位。

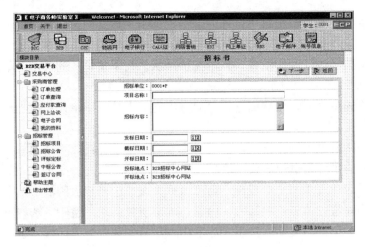

图 3.20　招标书

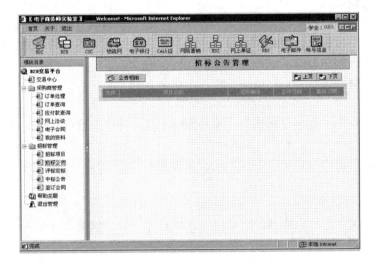

图 3.21　招标公告

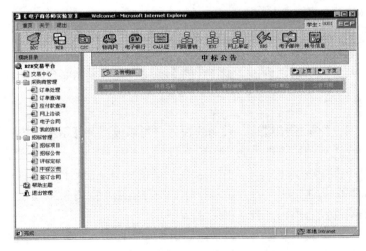

图 3.22　中标公告

第五步：招标采购商与中标供应商就标书内容生成合同，生成采购订单。

3.1.3 卖方行为

学生以供应商身份登录，点击"后台管理"，在后台管理界面可以进行订单处理、订单查询、产品目录、库存查询、发货处理、调拨处理、网上洽谈、电子合同、应付应收查询、客户管理和我的资料等操作，如图3.23所示。

图 3.23　供应商后台管理页面

1. 订单处理

供应商在此处理采购商的购买订单。对"待受理"的订单进行受理，对经过采购商"二次确认"的订单，通过生成配送单的方式交给物流商进行配送处理。其具体处理过程如下。

供应商点击"订单处理"模块，选择"待受理"的订单，供应商点击"订单明细"对采购商下的订单进行"订单处理"，如图3.24所示。

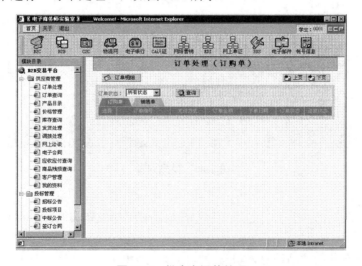

图 3.24　供应商订单处理

第一步：订单受理后，订单状态变为"待二次确认"，等待采购商二次确认。

第二步：经过采购商二次确认后的订购单，单据状态变为"销售处理"，订购单变成销售单。

第三步：供应商点击该销售单明细，生成配送单，并向物流商请求配送。

1) 待受理

采购商从购物车发出订单，等待供应商处理订单。

2) 销售处理

经过采购商二次确认的订单可以进行配送处理。

3) 订单撤销

采购单无效，供应商点击"订单撤销"，订单作废。

4) 查询信誉记录

供应商在进行订单处理的同时，可以对该采购商过去的信誉情况进行查询，如果该采购商提前付款，他的信誉记录就加 1；如果他逾期付款，他的信誉记录就减 1。

2. 订单查询

见 3.2.2 小节中采购商订单查询。

3. 产品目录

点击"供应商"，进入"后台管理"的"产品目录"页面，如图 3.25 所示。在这个模块中供应商新增产品目录信息和修改商品信息，并把商品发布到电子交易平台上，做及时更新，供采购商查询和选购。该模块包括以下 3 个子模块。

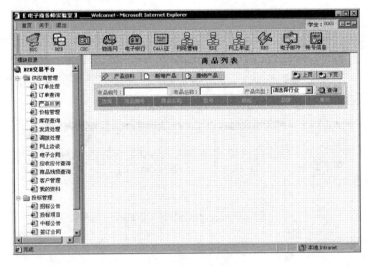

图 3.25 商品列表

1) 产品资料

选择要修改的产品，单击"产品资料"按钮，对已经发布的商品进行修改。

2) 新增产品

在网站上发布新的商品信息，填写商品信息，上传图片，单击"保存"按钮，完成商品添加。

3) 撤销产品

删除已经发布的产品信息。

4. 价格管理

价格管理中的信誉价格指的是采购商在一定的采购数量范围内，获得比市场价格更加优惠的价格。信誉价格定义就是要供应商设定自己的信誉价格待遇以及相应等级的要求。供应商只需要定义每个信誉等级的信誉价格和商品最少购买量。采购商的信誉等级在供应商的客户管理中设置。价格管理过程如下。

点击"供应商"，进入后台管理的价格管理页面，如图 3.26 所示。在这个模块中供应商设置商品信誉价格。

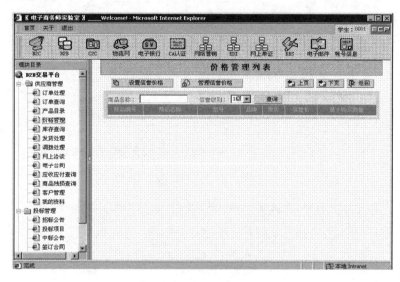

图 3.26 价格管理列表

第一步：单击"设置信誉价格"按钮，进入商品信誉价格设置页面。选择信誉级别、填写商品的信誉价格及最小购买数量，单击"保存"按钮。

第二步：单击"管理信誉价格"按钮，进入商品信誉价格管理页面。选择信誉级别、修改商品的信誉价格及最小购买数量，单击"保存"按钮。

这里注意，设置信誉价格时所列出的商品信息为未经设置该信誉等级价格的商品信息。已设置了信誉价格的商品信息只能在信誉价格管理页面中显示。单击"保存"按钮时只保存当前页的信誉价格设置信息。

5. 库存查询

进入"后台管理"的"库存查询"页面，可以根据配送商、存储仓库、商品类别、商品编号、商品名称查询现有产品在各个仓库的库存数量，如图 3.27 所示。

6. 发货处理

将供应商已有商品发送给物流商，以添加物流商的现有库存。处理流程如下。

第一步：进入"发货处理"模块，点击"新建发货单"，如图3.28所示。

第二步：进入新建发货单页面后，点击"选择发货商品"，在选择发货商品页面中，把需要选择的商品选中后，点击"确认选择"。

第三步：系统确认后返回"新建发货单"页面，填写发货数量，选择收货方和收货仓库，单击"确定"按钮，完成发货。这时单据状态为"未入库"，供应商要等物流商确认入库后，才完成发货处理流程。

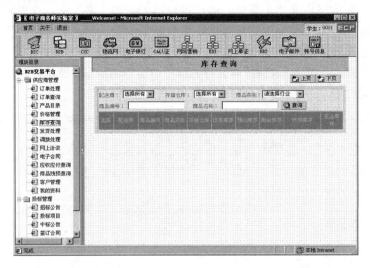

图3.27 库存查询

图3.28 发货单

7. 调拨处理

调拨处理是仓库之间可以通过商品调拨来实现商品的转移。其具体流程如下。

第一步：供应商进入后台管理，点击"调拨处理"，进入"调拨单列表"页面，如图3.29所示。

第二步：单击"新建调拨单"按钮，进入"选择库存商品"页面。

第三步：进入选择配送商，再点击"选择调出仓库"，系统列出调出仓库的商品，点击选择需要调拨的库存商品后，单击"生成调拨单"按钮。

第四步：填入调拨数量，选择调入仓库，单击"确定"按钮，完成调拨。

这时候，单据状态为"待处理"，供应商要等待物流商对该调拨单进行入库处理后，调拨单的状态就会变为"调拨完成"，从而完成调拨过程。

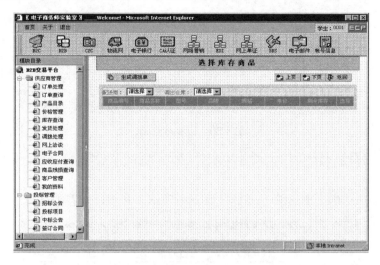

图 3.29　选择库存商品

8. 网上洽谈

供应商在该模块与采购商进行网上洽谈。供应商进入首页，点击"供应商"，通过"供应商身份验证"，进入供应商后台管理的"网上洽谈"面面，其操作同采购商网上洽谈。

9. 电子合同

供应商在该模块与采购商签订网上合同。其操作同采购商电子合同。

10. 应付应收查询

应收应付账记录了商家之间的资金流动情况。一般来说，生成订单的同时就生成应收应付记录。同时在本模块可以进行应付款项目的结算工作。

供应商点击后台管理，应收应付查询。

1) 应收款查询

供应商的应收账在销售订单生成的同时建立应收款。

第一步：点击"应收应付查询"，选择"应收款一览"。

第二步：选择需要查看的采购商，单击"应收款明细"按钮，可以查看该采购商应收款，如图 3.30 所示。

2) 应付款查询

供应商的应付款在物流商受理配送单时被建立。

第一步：点击"应收应付查询"，选择"应付款一览"。

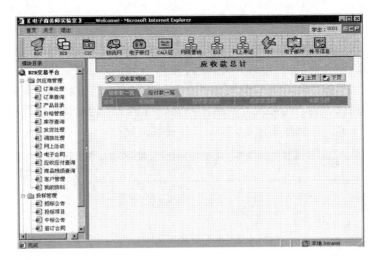

图 3.30　应收款查询

第二步：选择要查看的物流商，单击"应付款明细"按钮，查看应付款的情况，如图 3.31 所示。

第三步：选择相应的配送单，单击"配送单明细"按钮，查看配送单。

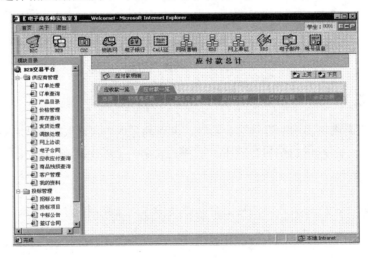

图 3.31　应付款查询

3）配送单结算

第一步：先进行应付款查询，查询需要付款的配送单。

第二步：根据配送单明细记录的款项，去电子银行转账。

第三步：在应付款明细中选择已经转账的配送单，单击"配送单明细"按钮。

第四步：进入该配送单，发送结算信息，完成配送单结算。

11. 客户管理

供应商的客户管理对象是采购商和物流商。

1）采购商客户管理

点击"供应商"，进入"后台管理的客户管理"页面，选择供应商页面。

2) 签约商客户管理

采购商前台申请签约后,供应商在"客户管理"页面中对采购商的折扣和信誉额度进行修改,也可以对该采购商的客户资料进行查询。

3) 物流商客户管理

其主要是物流商的资料查询。点击"供应商",进入后台管理的"客户管理"页面,选择"物流商"界面,就可以查询物流商客户,如图 3.32 所示。

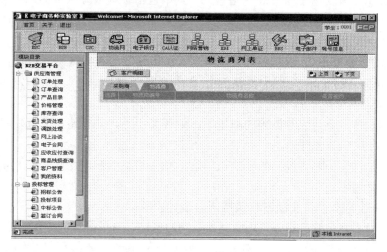

图 3.32　物流商管理

4) 投标管理

本模块模拟供应商参加采购商的投标管理过程。供应商可以查看采购商发出的招标书,供应商填写完成后,进行投标;投标成功后双方签订合同,形成采购单,并进入到 B2B 销售单的处理流程中,实现后继的销售及配送的全过程。

第一步:供应商查看招标公告,如图 3.33 所示,下载标书。

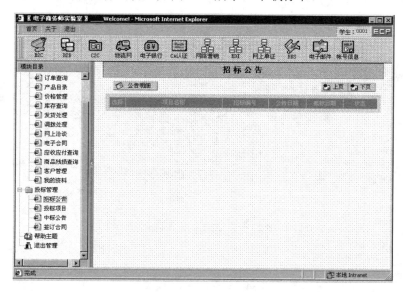

图 3.33　招标管理

第二步：供应商查看招标书，填写投标书，提交投标书竞标。

第三步：供应商查看中标公告，如果中标，双方签订合同，生成销售单。

任务 3.2　B2B 第三方交易平台的使用

通过 B2B 第三方交易平台开展网络营销，其中包括买卖双方供求信息的发布、公司信息发布、商铺建设以及最主要的买卖流程，由于大多数平台的功能雷同，因而，此处以阿里巴巴平台的中国站为例，为大家介绍一下 B2B 第三方交易平台的使用。

阿里巴巴中文站作为全球最大的中文网上贸易市场与商人社区，其价值性就在于促进销售、扩大影响。成为阿里巴巴中文站的会员后可以在网站上寻找商机、发布商机、达成交易。

2011 年 11 月，公司免费体验的阿里巴巴诚信通服务，一开始就注意信息标题设置、信息描述，一个月开单过万元。

2011 年 12 月，公司正式开始使用诚信通，加强信息维护，尤其是信息重发工作，只保持业绩两万余元。

2012 年 1—3 月，公司业绩连续保持两万余元。

2012 年 4 月，公司业务员强化留言管理、阿里旺旺、阿里博客的使用，业绩稳中有升。

因而，利用好交易平台并非一朝一夕，要开展网络营销就必须对营销平台有深入的认识。

1. 注册会员

要想享受阿里巴巴中文站提供的功能首先要成为该站点的会员。打开阿里巴巴中国站首页，点击"免费注册"，如图 3.34 所示。

图 3.34　阿里巴巴中国站首页

1) 注册企业账户

第一步：进入企业账户注册页面后，验证账户信息，单击"同意条款并注册"按钮，即可注册成功，如图 3.35 所示。

图 3.35 企业账号注册页面

第二步：注册成功后，补充账户基本信息，如图 3.36 所示。

图 3.36 补充账户信息页面

2) 注册个人账户

方式一：普通方式注册。

第一步：单击"切换成个人账户注册"按钮，进入个人账户注册页面，如图3.37所示。

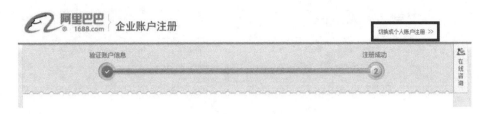

图3.37 切换个人账户注册页面

第二步：填写账户信息，单击"同意条款并注册"按钮，如图3.38所示。

图3.38 填写账户信息页面

第三步：验证账户信息，单击"提交"按钮后，即可注册成功，如图3.39所示。

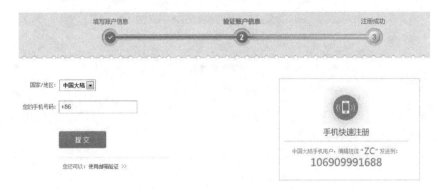

图3.39 验证账户信息页面

方式二：短信快速注册，如图3.40所示。

编辑短信"ZC"发送至"1069 0999 1688"，收到注册成功短信，获得登录名、密码即可直接使用，也可以直接用该登录名和密码登录使用阿里旺旺。

图 3.40　短信注册提示页面

2. 交易流程

1) 买方交易流程

第一步：找产品。阿里巴巴拥有全球最大的商机搜索引擎，您可以快速、准确地找到您需要的供应商产品信息。您在很多页面的上部导航都可以方便地找到阿里巴巴的搜索功能。我们以首页为例，如图 3.41 和图 3.42 所示。

在搜索框选择"产品"，输入想搜索的产品名称进行搜索，同时您也可以在搜速框选择"公司"进行搜索。

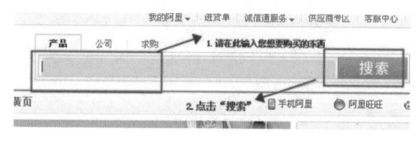

图 3.41　阿里巴巴首页产品检索

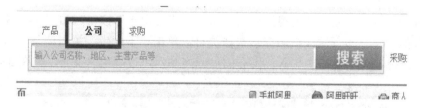

图 3.42　阿里巴巴首页公司检索

第二步：发布询价单。我们可以按照以下步骤进行，登录"我的阿里"，点击"采购"→"马上发布询价单"(见图 3.43)，填写完整后提交信息，有红色*为必填项，如图 3.44 所示。

询价单发布成功后，买家可以在"询价管理"页面管理所有的询价单。

(1) 询价单处在报价和留言中的，但尚未有人报价，买家可以修改此条信息。

(2) 询价单处在报价和留言中的，如果已有供应商报价，则买家不能再修改此条信息，但可以关闭，此时一切与此条信息相关的报价和留言，全部失效。

(3) 对于已关闭的询价单，买家可以选择重新发布此条信息或者删除。

(4) 采购商接收到报价和留言后，可以查看管理供应商的报价和留言情况，并可以选择合适的供应商下达采购意向。

图 3.43　我的阿里页面(1)

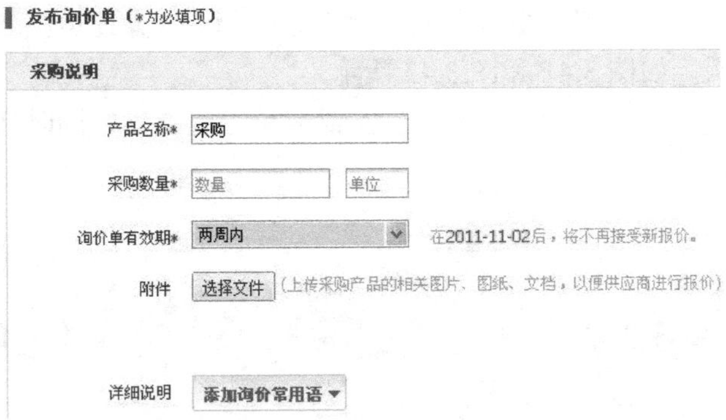

图 3.44　发布询价单页面

2) 卖方交易流程

第一步：发布供应产品。登录"我的阿里"中找到并进入"供应产品"应用，如图 3.45 所示；进入产品发布页面，在出现的界面中单击"我要发布"按钮，如图 3.46 所示。

在打开的信息发布页面，按照提示选择类目，单击"下一步，填写信息详情"按钮开始发布供应产品，或者点击"导入已发布的供应产品"，进行快速发布，如图 3.47 所示。

图 3.45　我的阿里页面(2)

图 3.46　发布产品页面

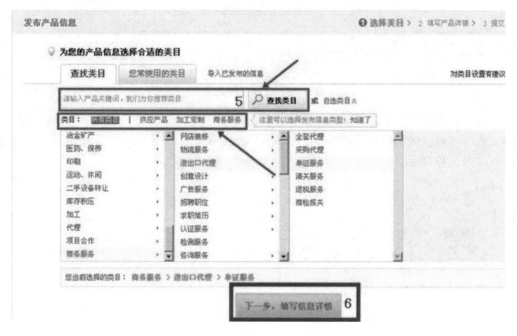

图 3.47　发布产品信息页面

填写信息详情包括以下内容。

(1) 填写相应的产品属性：详细且全面地填写产品参数，有利于产品曝光，便于用户通过参数筛选找到产品。

(2) 填写合适的信息标题，一个信息标题只含有一个产品名称。

(3) 上传产品图片，以增强效果，真实、形象地展现产品(注：诚信通会员可选配 3 张图片，多角度地展现产品)。

(4) 详细说明要尽量翔实，对所经营的产品或服务有全面的介绍，可用更多的产品细节图展示专业品质。

(5) 填写交易信息：如果您的产品支持网上订购，请选择"支持网上订购"，并填写相应交易信息。

(6) 选择信息有效期。

填写完整后，单击页面最下方的"同意协议条款，我要发布"按钮，发布信息。

第二步：开通旺铺入门版。进入"我的阿里"找到并进入"旺铺"应用(见图 3.48)，即可看到开通旺铺需要做的对应操作，单击"开始身份认证"按钮，进入实名认证页面，完成企业名称认证。

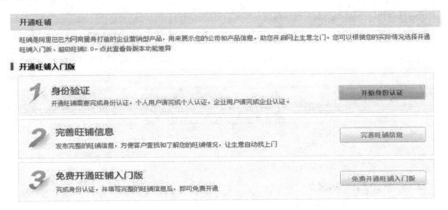

图 3.48　旺铺应用页面

登录"我的阿里"找到并进入"商家认证"应用，选择"企业名称认证"菜单，在此页面上您可以通过提交银行对公账号信息或选择通过支付宝快速认证的方式完成企业名称认证，如图 3.49 所示。

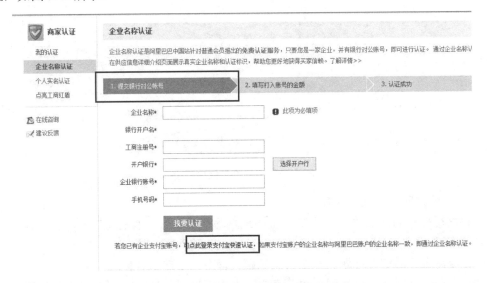

图 3.49　企业名称认证方式选择页面

方式一：企业对公银行账号。在"企业名称认证"页面，填写并提交银行对公账号信息。操作顺序如图 3.50、图 3.51 和图 3.52 所示。

单击"我要认证"按钮，提交成功页面见图 3.53。将在两个工作日内把小于 1.00 元的金额打入您所填写的银行对公账户内，见图 3.54。认证成功后，在公司介绍页面的公司名称后会有"已认证"标志，且公司名称无法修改。

项目 3　B2B 商务模式实训

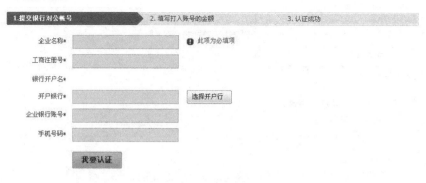

图 3.50　信息填写页面

图 3.51　开户行选择页面

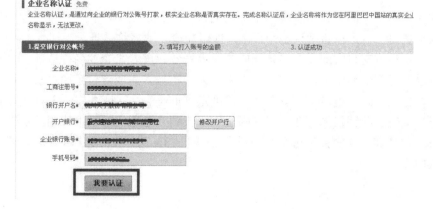

图 3.52　提交认证页面

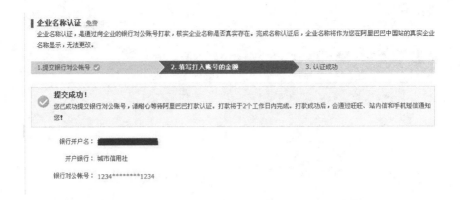

图 3.53　提交认证信息成功页面

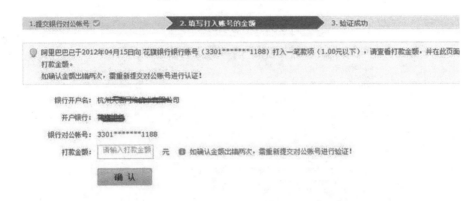

图 3.54　确认认证成功页面

说明：

在您提交了银行账号和身份证信息后，一旦打款成功，您手机上即会收到一条已经打款的短信通知，提醒您进行相关后续操作。

打款成功，建议您及时通过网上银行或电话银行，确认到账情况，并及时通过页面确认打款金额。

打款完成后，页面上会出现确认金额的输入框（见图 3.54），您可以按银行账户内实际收到的款项填写。点击按钮确认金额正确，即可完成企业名称认证。

方式二：通过支付宝商家实名认证的支付宝账号。进入"企业名称认证"页面，您可以选择登录支付宝快速认证，完成企业名称认证。在输入完成支付宝商家实名认证的支付宝账户名、登录密码，单击"登录"按钮即可完成企业名称认证，如图 3.55 所示。

第三步：完善旺铺信息。在"我的阿里"中找到并进入"旺铺"应用，点击"公司介绍"完成企业名称认证的会员可发布公司介绍（见图 3.56）。完成以上操作后，即可免费开通旺铺入门版。

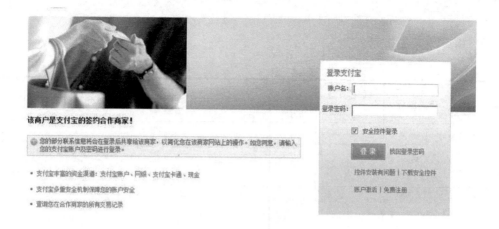

图 3.55　支付宝商家实名认证页面

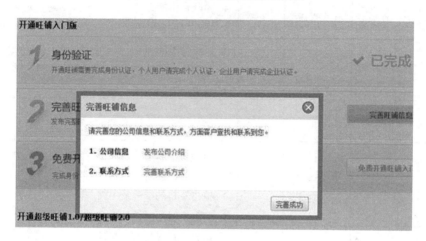

图 3.56　完善旺铺信息页面

【实训总结】

总结开设阿里旺铺各环节应注意的内容，写一份实训报告，不得少于 800 字。

【实训考核】

课程名称	考核单元	细化项目考核	分数分配	考核标准与评分办法	
B2B 商务模式			100		
	通用能力考核		40		
		基本素质	40	1. 自立、自律能力	5分
				2. 学习发展能力	5分
				3. 交流、表达能力	5分
				4. 团队合作能力	5分
				5. 评判、创新能力	5分
				6. 信息技术能力	5分
				7. 刻苦、耐劳能力	5分
				8. 应急应变能力	5分
	营销实务能力		60		
		市场调查技术	20	1. 熟练运用网上开店技术	5分
				2. 信息资料的真实可靠性	5分
				3. 信息资料的准确适用性	5分
				4. 信息资料的时效性	5分
		项目总结报告	40	1. 项目分析报告有针对性	10分
				2. 项目分析报告具有可行性	10分
				3. 观点鲜明	5分
				4. 资料翔实	5分
				5. 论证充分	5分
				6. 分析到位	5分
备注					

项目 4　网 上 支 付

【任务引入】

网上支付的优势

　　网上支付,是指通过国际互联网(Internet)或其他公用信息网,将客户的电脑终端连接至银行,实现将银行服务直接送到客户办公室或家中的服务系统。它拉近了客户与银行的距离,使客户不再受限于银行的地理环境、上班时间,突破空间距离和物体媒介的限制,足不出户就可以享受到银行的服务。

　　目前国内电子商务发展势头良好,进行网上购物的网民正在稳步扩大。网上购物领域对于网上支付蕴藏着巨大的市场需求,网上支付业务的进一步发展面临着良好的市场发展机遇和广阔的市场发展空间。网上支付业务在网上银行业务种类中应该属于交易较为活跃的品种,这也反映出市场和客户对这一产品的需求和接受程度正在逐步增加,这对加快发展此项业务无疑是一个契机。目前,工商银行、交通银行、招商银行等部分分行的网上支付业务栏目名称分别为:网上商城、网上购物、一网通商城。网上支付 B2C 商户数量分别达到 12 大类 72 家、300 多家、12 大类 132 家、694 家,网上支付手段有:无地域限制、有地域限制、与异地行不共享、与异地行共享等手段。网上支付的合作商户汇聚了当当网上书店、洪恩在线、联众世界、盛大网络、腾讯等国内 B2C 领域的电子商务网站,这些商家可为网上银行个人客户提供各种卡类商品(如 IP 卡、手机充值卡、上网卡、游戏卡,QQ 卡等)、家电、图书音像、鲜花礼品、软件、域名注册、教材购买、网上教育等丰富的网上消费服务。就目前网上支付合作商户所提供的商品服务种类和建行网上支付功能的可靠性、安全性而言,已经能够很好地满足客户网上购物的需求。

　　问题:

　　1. 网上支付和电子商务的关系?
　　2. 什么是网上支付?
　　3. 如何注册网上银行?

【任务要求】

　　通过模拟实验系统,练习能独立完成网上银行的注册与账户管理,完成网上银行的查询、转账、存取款业务等功能的等操作。以及能在真实的网络环境中独立完成在工商银行的网上银行上注册与使用的能力。

- 了解网上支付的流程。

- 了解网上银行的各项功能。
- 熟练地掌握网上银行的使用方法。

【任务实施】

任务 4.1　网上银行——以"电子商务实验室实训平台"为例

该实训模拟了用户使用网上银行的整个流程。具体步骤描述如下。

第一步：用户在网上银行上建立网银账户。

第二步：用户可以向账户里存款，并设置支付密码将来用以付款。

第三步：用户使用网银账户进行转账。

第四步：用户可查看用户账户信息。包括余额查询、交易明细查询、转账业务查询、电子支付查询。

4.1.1　企业网上银行

1. 企业注册网上银行账户

第一步：在电子银行首页(见图 4.1)点击"企业网上银行注册"，同意协议，填写信息，单击"确定"按钮，系统自动完成 CA 证书的申请，给出银行账号、CA 证书编号和下载密码(同时把 CA 证书编号和下载密码发电子邮件到自己注册时候填写的信箱)。

图 4.1　电子银行首页

第二步：进入电子银行的首页，点击"企业银行证书下载"，输入 CA 证书编号和下载密码，把证书下载到本地，完成注册过程。

2. 企业网上银行登录

第一步：进入电子银行首页，点击"登录企业网上银行"。系统显示 CA 身份验证框(见图 4.2)。企业选择合适身份，银行通过身份验证。

图 4.2　企业网上银行登录

第二步：银行通过验证后，提示用户编号和密码，企业单击"确定"按钮可以登录银行。

3. 企业网银账户使用

此模块包含网上银行的所有业务的操作及信息。包括我的账户、存款业务、转账业务和账务查询。

1) 账户信息

可查看和修改本账户。选择账户号码，点击"修改资料"可以选择查看修改"我的账户"页面中的资料(见图 4.3)。

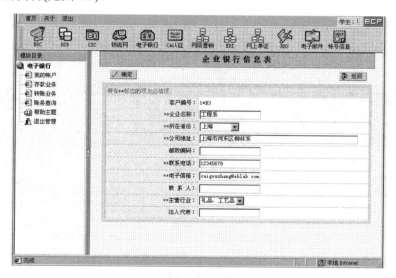

图 4.3　企业银行信息表

2) 存款业务

为账户添加存款,具体步骤如下。

第一步:点击"电子银行"→"存款业务"。

第二步:填写存入金额和支付密码,单击"确定"按钮(见图 4.4、图 4.5、图 4.6)。

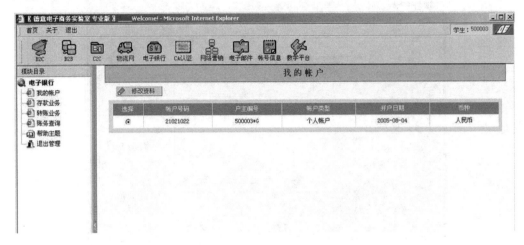

图 4.4　网上银行后台

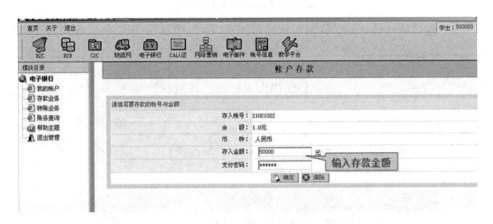

图 4.5　存款业务界面

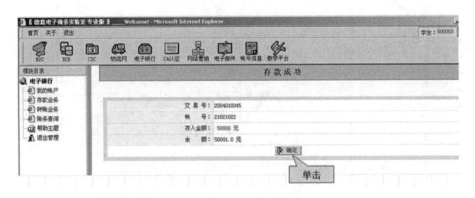

图 4.6　存款成功

3) 转账业务

为储户提供转账功能，具体步骤如下。

第一步：点击"电子银行"→"转账业务"。

第二步：填入转出账号和金额，单击"确定"按钮即可完成转账业务。

4) 账务查询

可查看用户账户信息。包括余额查询、交易明细查询、转账业务查询、电子支付查询。

4.1.2 个人网上银行

1. 个人注册网银账户

第一步：在电子银行首页，点击"个人网上银行注册"，并且填写个人注册信息(见图 4.7)。

图 4.7 填写个人注册信息

第二步：记录个人网上信息申请结果，以便进入个人网上银行账户(见图 4.8)。

图 4.8 网上银行个人服务申请结果

2. 登录个人网上银行

在电子银行首页中点击"登录个人网上银行"，进入网上银行登录界面(见图 4.9)。

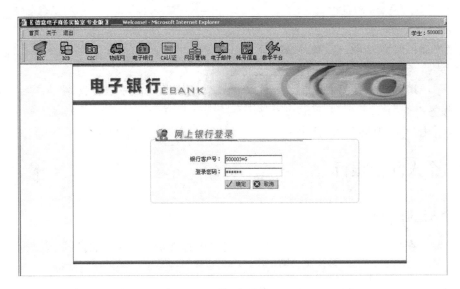

图 4.9 个人网上银行登录

3. 个人网银账户使用

此模块包含网上银行的所有业务的操作及信息,包括"我的账户"、"存款业务"、"转账业务"和"账务查询"等页面。基本功能与使用方法同企业网上银行。

4.1.3 网上商城

1. B2C 特约商户注册

第一步:在电子银行主界面,点击"申请 B2C 特约商户",并且填写个人注册信息(见图 4.10)。

图 4.10 点击"申请 B2C 特约商户"

第二步：记录申请结果，以便进入特约商户银行账户(见图 4.11)。

图 4.11　B2C 特约商户注册完成

2. 登录 B2C 特约商户网上银行

点击电子银行首页中的"登录 B2C 特约商户网上银行"，进入网上银行登录界面。

3. B2C 特约商户网银账户使用

此模块包含网上银行的所有业务的操作及信息，包括"我的账户"、"存款业务"、"转账业务"和"账务查询"等页面。基本功能与使用方法同企业网上银行。

任务 4.2　网上银行的使用

4.2.1　农业银行网银证书下载、安装

第一步：登录农业银行网站 http://www.abchina.com，进入农业银行官网(见图 4.12)。

图 4.12　中国农业银行官网

第二步：进入个人网上银行登录，在右侧点击"证书下载"(见图 4.13)。

图 4.13　证书下载

第三步：首次进入证书下载页面，会提示请安装安全控件，下载安全控件(见图 4.14)。

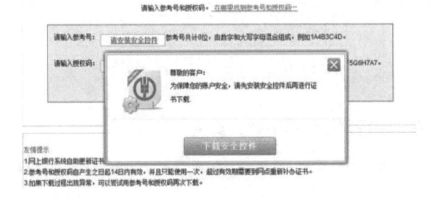

图 4.14　下载安全控件

第四步：输入参考号和授权码(见图 4.15)，输入后提交。

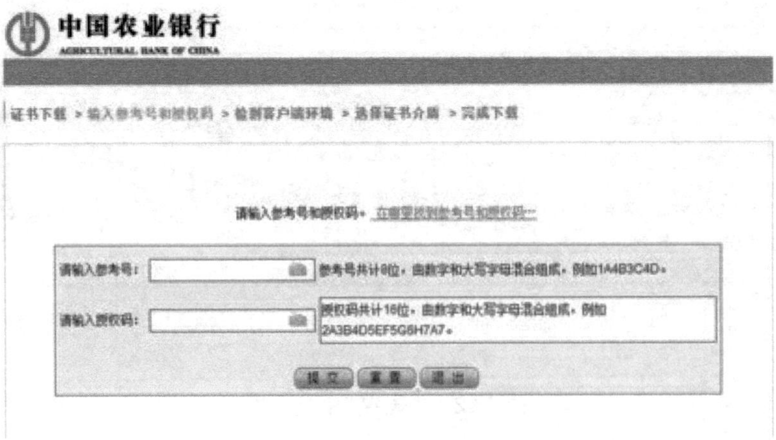

图 4.15　输入参考号和授权码界面

第五步：网站制作证书(见图4.16)。

图 4.16　制作证书

单击"是"按钮，加载中国农业银行证书下载控件包，出现下面的下载证书界面，在下一屏幕 CSP 后选择框中选择"Microsoft Enhanced Cryptographic Provider v1.0"，单击"下一步"按钮(见图4.17)。

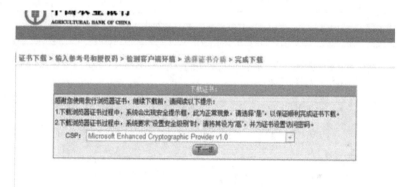

图 4.17　加载农业银行证书

第六步：制作证书成功(见图4.18)。

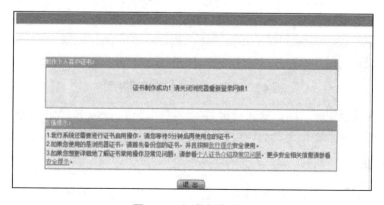

图 4.18　证书制作成功

4.2.2 农业银行网上银行使用

1. 使用网银购物

登录自己的淘宝，选择自己要买的物品，单击"立即购买"按钮(见图4.19)。

图4.19 网购界面

单击"立即购买"按钮后，选择支付方式后再选择网上银行，选择农业银行的选项，然后单击"下一步"按钮(见图4.20)。

图4.20 网站支持的付款银行界面

选择登录到网上银行，将农业银行K宝插入到电脑的USB接口中(见图4.21)。确定之后直接输入银行卡密码即可将钱打入支付宝中，并等待卖家发货。

2. 网上转账

第一步：将K宝直接插入电脑中。就会弹出中国农业银行的登录界面(见图4.22)。

项目 4　网上支付

图 4.21　农业银行支付界面

图 4.22　农业银行网银登录界面

第二步：选择证书登录，输入网银密码(见图 4.23)。

图 4.23　输入网银密码

第三步：登录后在网页的左侧就会出现一个便捷转账的选项，选择即可(见图 4.24)。

第四步：选择添加选项，添加一个转账的组合即可进行转账，填写好信息后选择保存在进行转账即可(见图4.25)。

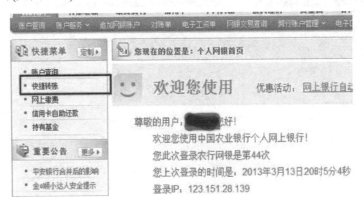

图4.24　网银登录界面

图4.25　网银快捷转账界面

3. 修改银行卡个人信息

第一步：选择菜单栏中的"客户服务"→"基本信息维护"(见图4.26)。

项目 4　网上支付

图 4.26　选择基本信息维护界面

第二步：找到需要修改或是添加的栏目进行修改即可(见图 4.27)。

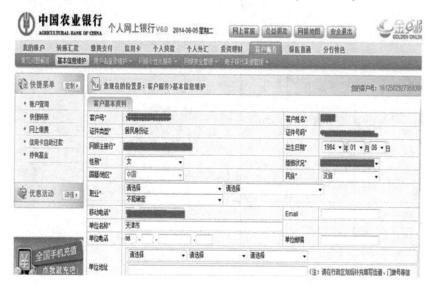

图 4.27　修改信息界面

通过网银我们还可以做很多的事情，我们可以通过上面的菜单进行各种业务的查询和信用卡等信息查看(见图 4.28)。

图 4.28　网银的所有功能界面

【实训总结】

总结现今存在的网上支付工具有哪些，比较各银行的网上银行的差异写一份实训报告，不得少于 800 字。

【实训考核】

课程名称	考核单元	细化项目考核	分数分配	考核标准与评分办法	
网上支付			100		
	通用能力考核		40		
		基本素质	40	1. 自立、自律能力	5分
				2. 学习发展能力	5分
				3. 交流、表达能力	5分
				4. 团队合作能力	5分
				5. 评判、创新能力	5分
				6. 信息技术能力	5分
				7. 刻苦、耐劳能力	5分
				8. 应急应变能力	5分
	网上银行的使用		60		
		网银账户的申请	20	1. 网上银行的申请	5分
				2. 网银证书的下载	5分
				3. 网银证书的安装	5分
				4. 网银证书的导入与导出	5分
		网上银行的使用	40	1. 网银账户转账	10分
				2. 网银付款	10分
				3. 网银理财	10分
				4. 网银设置与修改	10分
备注					

项目 5 CA 认证

【任务引入】

上海市电子商务安全证书管理中心

上海市电子商务安全证书管理中心有限公司(简称 CA 中心，SHECA)是由上海市信息投资股份有限公司、上海邮电、上海联和投资公司、上海市银行卡网络服务中心联合出资组建，经上海市政府批准，上海市唯一从事电子商务安全证书制作、颁发和管理业务的权威性机构，是保证电子商务安全的基础设施，于 1998 年 12 月 31 日在上海市政府揭牌成立。

上海市电子商务安全证书管理中心有限公司以切实推动电子商务市场的发展为己任，提供为电子商务服务的安全平台。作为经政府批准的证书授权中心，SHECA 拥有完整的安全电子商务的解决方案。无论是支付型还是非支付型的电子商务，SHECA 都将为顾客提供完善的安全保障，包括网上身份认证，保证信息传输的安全性，信息的完整性和交易的不可抵赖性。

SHECA 负责数字证书的申请、签发、制作、认证和管理，提供网上身份认证、数字签名、证书目录查询、电子公证、安全电子邮件等服务，承接电子商务系统集成，网络安全系统设计、开发集成、运行维护、安全网站设计和代维、安全产品代理，安全电子商务的全套解决方案。所有参加电子商务的主体，必须获得 SHECA 颁发的电子证书(数字证书)。目前，SHECA 证书已经在网上购物、网上订票、网上证券交易、网上缴费、安全电子邮件、社会保障、政府采购等项目中应用。

SHECA 作为证书认证中心(CA 中心)是公正的第三方，它为建立身份认证过程的权威性框架奠定了基础，为交易的参与方提供了安全保障。为网上交易构筑了一个互相信任的环境，解决了网上身份认证、公钥分发及信息安全等一系列问题。CA 中心是保证电子商务安全的关键。CA 中心对含有公钥的证书进行数字签名，使证书无法伪造。每个用户可以获得 CA 中心的公开密钥(CA 认证书)，验证任何一张数字证书的数字签名，从而确定证书是否是 CA 中心签发，数字证书是否合法。所以在这样的安全体制保证下，拥有 SHECA 证书，就可以放心地在网上从事电子商务活动了。

问题：

1. CA 的作用有哪些？
2. 什么是数字证书？
3. 如何在网络环境中安装并应用数字证书？

【任务要求】

通过模拟实验系统，练习能独立注册并下载数字证书，完成安装与使用证书的各项操作。以及在真实的网络环境中，能够具备证书的下载与安装使用的能力。
- 了解数字证书的安装流程。
- 了解 CA 的各项功能。
- 了解数字证书的作用。
- 熟练地掌握数字证书的下载与安装的操作。

【任务实施】

任务 5.1　电子商务实验室平台 CA 证书的应用

该实训模拟了用户申请和使用 CA 的整个流程，如图 5.1 所示。具体步骤描述如下。
第一步：申请人填写申请表格申请 CA 证书。
第二步：获得 CA 机构认可后下载数字证书
第三步：安装数字证书。

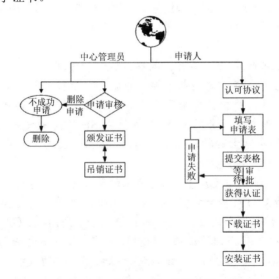

图 5.1　申请安装证书的流程

5.1.1　CA 认证中心

CA 认证即电子商务认证授权机构(Certificate Authority，CA)，也称为电子商务认证中心，是负责发放和管理数字证书的权威机构，并作为电子商务交易中受信任的第三方，承担公钥体系中公钥的合法性检验的责任。

CA 中心为每个使用公开密钥的用户发放一个数字证书，数字证书的作用是证明证书中列出的用户合法拥有证书中列出的公开密钥。CA 机构的数字签名使得攻击者不能伪造和篡改证书。在 SET 交易中，CA 不仅对持卡人、商户发放证书，还要对获款的银行、网关发放证书。

为保证用户之间在网上传递信息的安全性、真实性、可靠性、完整性和不可抵赖性，不仅需要对用户的身份真实性进行验证，也需要有一个具有权威性、公正性、唯一性的机构，负责向电子商务的各个主体颁发并管理符合国内、国际安全电子交易协议标准的电子商务安全证书，并负责管理所有参与网上交易的个体所需的数字证书，因此是安全电子交易的核心环节。

5.1.2 CA 证书申领与应用

1. 证书申请过程

第一步：进入电子商务实验室 CA 认证页面(见图 5.2)，单击"CA 证书申请"按钮。

图 5.2 CA 认证页面

第二步：填写注册信息(见图 5.3)。

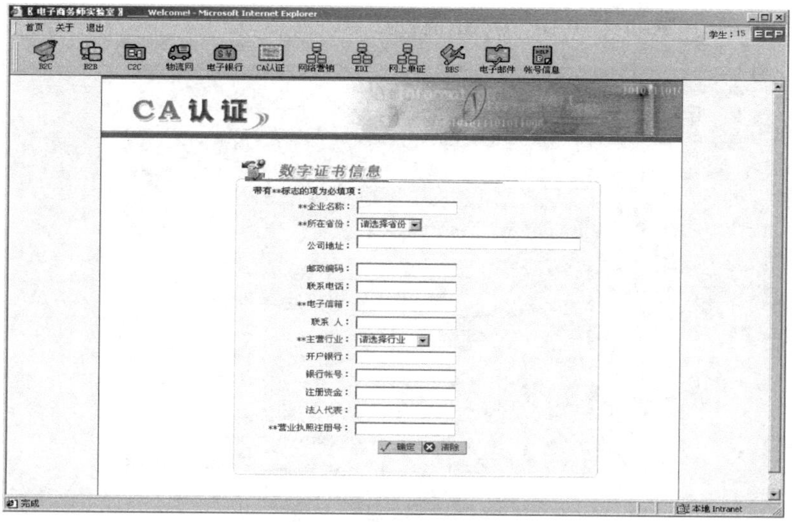

图 5.3 填写数字证书信息

第三步：登录到电子邮箱，获取证书信息(见图 5.4、图 5.5)。

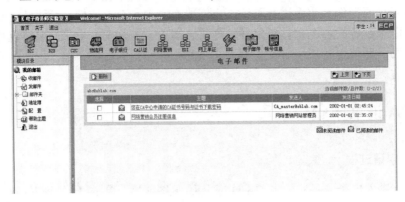

图 5.4　"电子邮件"页面

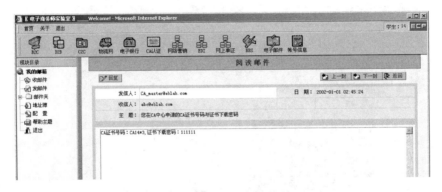

图 5.5　在电子邮件中查看 CA 证书信息

第四步：完成注册。

2. 证书下载过程

第一步：单击"CA 证书下载"按钮(见图 5.6)。

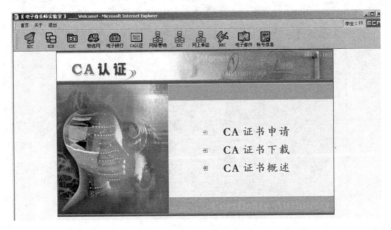

图 5.6　CA 认证页面

第二步：点击"CA 证书下载"，填写下载信息(见图 5.7)，单击"确定"按钮。

项目 5　CA 认证

图 5.7　下载信息填写页面

第三步：单击"下载数字证书"按钮，如图 5.8 所示。

图 5.8　"证书下载"页面

第四步：选择路径，下载到本地计算机(见图 5.9、图 5.10)。

图 5.9　选择路径(1)　　　　　　　　图 5.10　选择路径(2)

第五步：双击下载的 CA 证书(见图 5.11)，单击"安装证书"按钮，安装 CA 证书(见图 5.12)。

图 5.11 下载的 CA 证书　　　　图 5.12 证书安装页面

第六步：按照提示导入 CA 证书(见图 5.13、图 5.14、图 5.15 和图 5.16)。

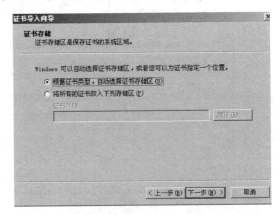

图 5.13 导入数字证书(1)　　　　图 5.14 导入数字证书(2)

图 5.15 导入数字证书(3)　　　　图 5.16 数字证书导入成功

3. 修改 CA 密码

在修改密码页面填入旧密码，输入新密码进行修改密码的操作，最后单击"确定"按钮(见图 5.17)。

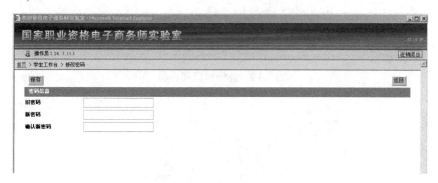

图 5.17 修改密码页面

4. CA 证书概述

进入电子商务实验室 CA 认证页面，单击"CA 证书概述"按钮，学习 CA 证书概述与应用(见图 5.18)。

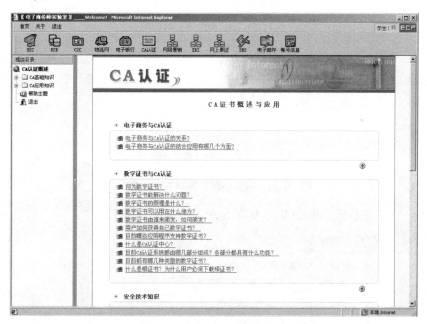

图 5.18 "CA 证书概述与应用"页面

5.1.3 证书应用过程

以 B2B 供应商 CA 证书应用为例。

第一步：申请供应商 CA 证书(见图 5.19、图 5.20)。

图 5.19　注册供应商会员

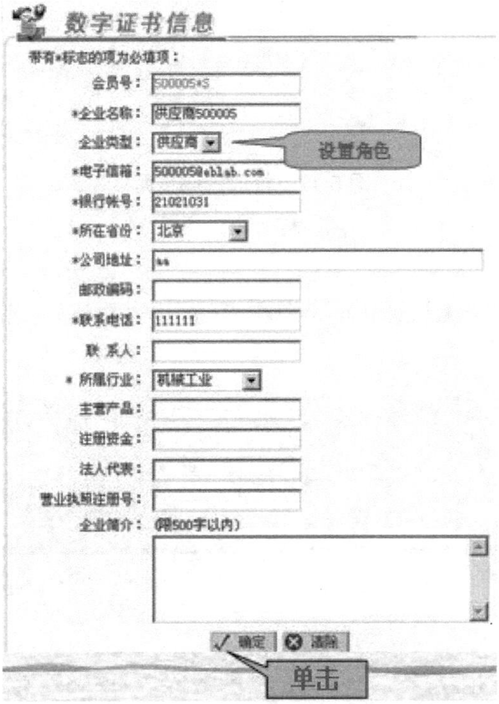

图 5.20　供应商填写数字证书信息

第二步：用户下载该证书到本机（见图 5.21、图 5.22）。

图 5.21　供应商 CA 证书下载

第三步：安装供应商 CA 证书（见图 5.23）。

第四步：进入 B2B 首页，选择供应商登录，在进入 B2B 商城购物时使用安装在本机的证书进行身份确认（见图 5.24）。

项目 5 CA 认证

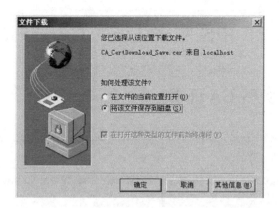

图 5.22　将供应商 CA 证书保存在计算机上

图 5.23　安装供应商证书

图 5.24　供应商 CA 证书登录

任务 5.2　中国数字认证网 CA 证书的使用

5.2.1　申请个人免费 CA 证书

第一步：访问中国数字认证网(http://www.ca365.com)主页，选择"免费证书"栏目的"根 CA 证书"(见图 5.25)。

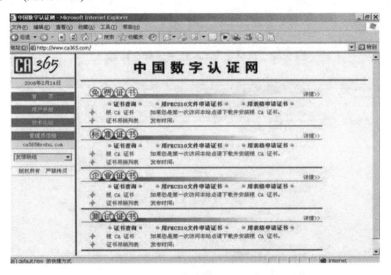

图 5.25　中国数字认证网主页

第二步：下载安装认证书。如果是第一次使用他们的个人证书需要先下载并安装根 CA 证书。只有安装了认证书链的计算机，才能完成网上申请的步骤和证书的正常使用。出现"文件下载-安全警告"对话框(见图 5.26)。

图 5.26　安装数字证书

单击"打开"按钮，出现如图 5.27 所示的对话框，单击"安装证书"按钮，根据证书导入向导提示，完成导入操作。

第三步：在线填写并提交申请表(见图 5.28)。

项目 5　CA 认证

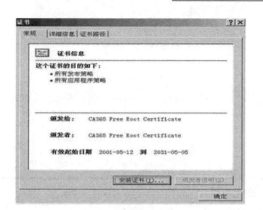

图 5.27　下载并安装认证书

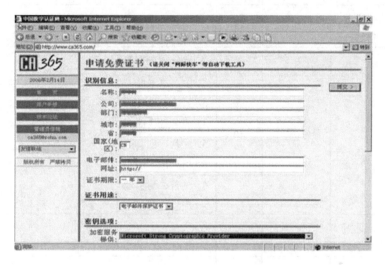

图 5.28　填写个人数字证书申请表

5.2.2　下载安装 CA 证书

提交申请表后，证书服务器系统将立即自动签发证书。如图 5.29 所示。用户单击"直接安装证书"按钮开始下载安装证书，直到出现"安装成功！"的提示。

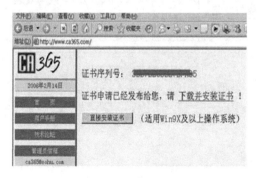

图 5.29　下载安装数字证书

【实训总结】

总结网上现有的免费 CA 下载中心，写一份实训报告，不得少于 500 字。

【实训考核】

课程名称	考核单元	细化项目考核	分数分配	考核标准与评分办法	
CA 认证			100		
	通用能力考核		40		
		基本素质	40	1. 自立、自律能力	5分
				2. 学习发展能力	5分
				3. 交流、表达能力	5分
				4. 团队合作能力	5分
				5. 评判、创新能力	5分
				6. 信息技术能力	5分
				7. 刻苦、耐劳能力	5分
				8. 应急应变能力	5分
	CA 的申请与安装		60		
		网银 CA 的下载与安装	20	1. 数字证书的申请	10分
				2. 数字证书的安装与设置	10分
		免费 CA 中心数字证书的下载与安装	40	1. 查找网络中存在的免费 CA 中心	10分
				2. CA 中心的申请	15分
				3. 数字证书的下载与安装	15分
备注					

项目 6 物 流 配 送

【任务引入】

中国电子商务研究中心《2013年度中国物流快递发展情况》

1. 2013年度中国物流快递相关数据

据中国电子商务研究中心(100EC.CN)监测数据显示,2013年全国规模以上快递服务企业业务量累计完成92亿件,位居世界第二;业务收入累计达1441.7亿元,同比增长36.6%。另据统计,70%以上的网购业务需依靠快递来完成,快递行业50%以上营收来自电子商务。

我国规模以上快递企业营收逐年增加,2013年达到1441.7亿元。中国电子商务研究中心预测,2014年全年全国规模以上快递服务企业业务收入将达1875亿元,如图6.1所示。

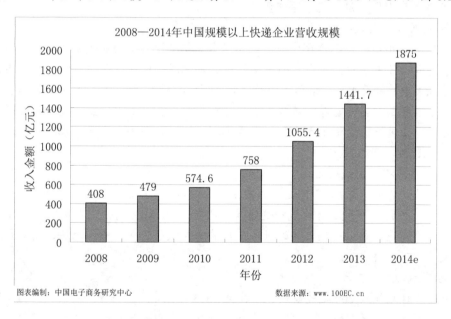

图 6.1 2008—2014年中国规模以上快递企业营收规模

2. 2013—2014年中国典型电商自建物流情况对比

2013—2014年中国典型电商自建物流情况对比如图6.2所示。

2013—2014年中国典型电商自建物流相关情况					
电商企业	仓储面积	运营/仓储中心	免运费标准	备注
JD.COM 京东	100多万平方米	六大一级物流中心之下，有27个城市仓储中心	单笔订单满59元免运费	自建近2万名配送员队伍服务360多个核心城市，其他快递公司辅助
SUNING 苏宁	全国有12个始发仓库	南京、北京、上海、广州、沈阳、成都、武汉、西安、杭州、深圳等	全场免运费	大件100个城市的部分区域半日送达，小件12个城市的部分区域半日达，220个城市的部分区域次日达
amazon.cn 亚马逊	70多万平方米	11个运营中心和仓储物流中心	单笔订单满49元免运费	19个城市自建配送团队，其他快递公司辅助
易迅网	将达到23万平方米	上海、苏州、杭州、扬州、深圳、北京等城市自建物流配送体系	单笔订单满49元免运费	在12个城市能实现一日三送，7个城市实现一日两送，其余部分城市实现一日一送，并引入顺丰等实力最强的第三方物流企业作为补充支持
1号店	近28万平方米的仓库	上海、北京、广州、成都、武汉在内的全国7大运营中心	单笔订单满99元免运费	目前70%订单由自建物流团队完成配送，自配送及时率达到99%

图6.2　2013—2014年中国典型电商自建物流相关情况

重点提示：

1. 2013年度中国物流快递大事件盘点

1）菜鸟网络高调做物流

5月28日，由阿里巴巴集团牵头，联合银泰、复星等大型企业成立了菜鸟网络科技有限公司，马云出任董事长，银泰集团董事长兼总裁沈国军出任首席执行官。天猫集团投资21.5亿元人民币，占股43%；银泰集团通过北京国俊投资有限公司投资16亿元人民币，占股32%。富春集团则通过富春物流投资5亿元人民币，占股10%；上海复星集团通过上海星泓投资有限公司投资5亿元人民币，占股10%；圆通、顺丰、申通、韵达、中通各出资5000万元人民币，各占股1%。

2）中国铁路推"高铁快运"

中国铁路总公司从6月15日起正式实施货运改革，其中七大货运服务内容之一就是高铁快递业务，即利用每天发出的第一趟高铁确认车(不载人)运输快递包裹，进行城际"当日达"或"次晨达"等小件包裹快运服务。目前中国铁路已在广州、上海、南昌等地方路局，开展了"高铁快递"试点业务。

3）苏宁启动"物流云"

未来三年计划投入200亿建设物流。截至2013年上半年，苏宁"物流云"的全国物流建设项目已完成50%的建设，到2013年年底累计建成并投入使用的物流基地将达到24个，含规划建设的数量则达到37个。苏宁易购已经获得北京、上海、天津、南京、苏州、无锡、武汉、呼和浩特等20多个省市地区的物流快递牌照。

4）京东发力仓储物流开放平台

到2013年年底，京东的仓储面积将超过100万平方米。京东向中国电子商务研究中心提供相关数据显示，截至2013年5月，京东日订单量已达100万单，而京东快递每日承接的外部包裹量已超过10万单。到目前为止京东已建成由6大物流中心、27个城市仓储中心、近千配送站、300多个自提点组成的覆盖全国1188个行政区县的物流网络，覆盖范围、物流效率和配送服务正逐步成为其区别于其他电商的核心竞争力。

5) 圆通"毒快递"事件

2013年11月29日，山东东营广饶县居民焦女士，收到网购的一双童鞋。快件在输运过程中，染上高毒物质。收到毒快递6个小时后，焦女士丈夫中毒死亡。事后，承运的圆通快递公司承认，是自己违规运送的"氟乙酸甲酯"高毒物质。事件暴露了快递加盟制的弊端以及行业监管的缺失和"收寄验收"制度形同虚设。

6) 快递角逐"最后一公里"

快递末端配送问题已经成为行业发展的瓶颈，为了解决这一问题，末端配送早已成为快递、电商企业的发力点。目前，各大加盟制快递企业除加速直营化进程外，也在加速布局自提模式。2013年4月，申通快递宣布投资3000万元，在社区和学校等地建立约3万个快件存放点。此前，顺丰、韵达等多个位居行业前列的快递公司已经在便利店、超市进行了自提点布局。而阿里、京东、苏宁易购等主流电商都在以不同形式开展自提业务，目前，菜鸟网络在全国64个城市有1.1万个自提点，自提点订单量的峰值出现在"双11"，当天达31万单。

2. 2013年中国快递市场的特征

1) 快递行业"亚健康"的状态越发凸显

近几年，由于快递业陷入价格战，行业利润率已从2005年的近30%下降到现在的3%至5%。目前多数快递企业的利润率不到5%。由于需要应对不断上涨的人工、土地、资金等成本，以及愈演愈烈的价格战，企业利润日益微薄。

2) 电商自建物流成趋势

物流成为电商竞争的新战场，各大电商都希望通过物流速度、运费高低的比拼，来抓住更多的用户。2013年5月，马云也投身到了物流行业，成立了菜鸟网络；京东抢先推出"极速达"服务，实现3小时配送；苏宁云商部署"物流云"项目，预计到2015年将全部建成，实现60个物流基地和12个自动化仓库的全国布局。

3) 快递跨界玩电商

2012年5月，顺丰快递的"顺丰优选"上线之后，闻风而来的快递企业纷纷加入电商市场，迅速搭建网购平台，欲分享电商这块巨大的蛋糕。如申通公司开发了"爱买网超"电商平台，圆通公司建立了"圆通新农网"，宅急送推出了E购网上平台，中国邮政与TOM集团合资建设了B2C购物平台，中通快递上线电商平台"中通优选"。

4) 外资快递抢食中国市场

在中国市场，虽然包括联邦快递、UPS在内的外资快递已经获得牌照进入，但由于国内快递市场身陷价格泥潭，外资快递经营国内快件业务跑马圈地扩张网络仍需时日，而DHL、TNT则都是专注在国际快递快件业务上。数据显示，国际快递在国内所占的市场份额非常小，大概为3%。

5) 行业面临转型，部分企业崭露头角

国内快递行业进入战国时代，初步形成高、中、低端三个竞争梯队，前四大企业市场份额不到50%，未来行业将面临洗牌。国内几家快递企业已开始崭露头角，具备在市场竞争中胜出的潜质。

6) 快递企业、电商集体发力智能快递柜

快递无人收件、"最后一公里"成为行业难题,既提高了送货成本,也降低了用户体验。而智能快递柜的优势非常明显,可以减少物流配送人员,降低配送成本,实现快件包裹的集中投放和回收等。

7) 快递乱象重重,暴露行业经营模式漏洞

在我国几大民营快递企业中,目前除顺丰各网点均为直营外,"三通一达"(申通、圆通、中通和韵达)等民营快递公司的加盟比例均超过50%,有的甚至超过80%。不管在渠道、管理还是经营等方面,快递公司总部的管控始终难以到位,因此,"夺命快递"、信息泄露、暴力分拣、监守自盗等问题频出,严重阻碍了行业的良性发展,急需出台相关法律监管。

(资料来源:中国电子商务研究中心发布的《2013年度中国网络零售市场数据监测报告》)

问题:

1. 电子商务与物流的关系如何?
2. 电子商务环境下的物流活动有哪些新特点?
3. 电商自建物流的优、缺点是什么?

【任务要求】

通过模拟实验系统,帮助学生把具体物流问题进行模拟操作,以便为将来从事实际物流管理工作奠定基础。

- 掌握进行物流身份注册的步骤。
- 掌握物流前台的操作。
- 掌握物流后台的管理。
- 会设置运费模板。

【任务实施】

任务6.1 电子商务实验室物流模拟

6.1.1 配送商(物流商)身份的注册

物流网在操作之前要做初始化工作后才能正常运行,首先要注册身份才能进行物流操作。

(1) 进入电子邮件首页,单击"注册电子邮件"按钮,进入"电子身份认证"页面,如图6.3所示,单击"注册"按钮,进入"邮件注册申请表",填写完毕后,单击"确定"按钮,邮箱申请成功,记住自己的邮箱地址和电子信箱的CA证书号。

(2) 进入电子银行首页,单击"企业网上银行注册"按钮。进入"企业客户注册申请

表"页面。

图 6.3 "电子身份验证"页面

(3) 填写完毕后，单击"确定"按钮，进入"账户申请结果反馈"页面。记住自己的银行账号、银行 CA 证书号及证书下载密码。

(4) 完成(1)、(2)两个步骤后，进入物流网首页，单击"会员注册"按钮，进行会员注册，如图 6.4 所示。

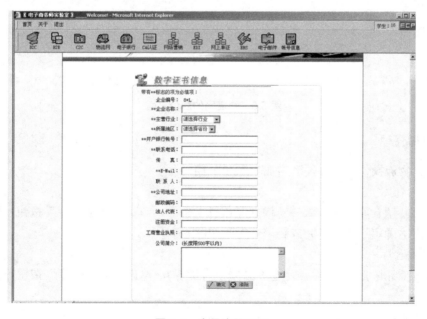

图 6.4 会员注册页面

(5) 会员注册成功后，再次回到物流网首页，单击"会员注册"按钮，由于在前面已经注册过了，所以单击"下载 CA 证书"按钮。将信箱 CA 证书、银行 CA 证书及企业 CA 证书全部下载下来。

(6) 证书下载完毕后，配送商注册完成。

6.1.2　初始化物流后台

物流网在操作之前要做初始化工作后才能正常运行，首先要注册身份才能进行物流操作。同时还要增加仓库和新增车辆。

进入物流网首页，单击"物流管理"按钮，进入物流网的后台，如图 6.5 所示。

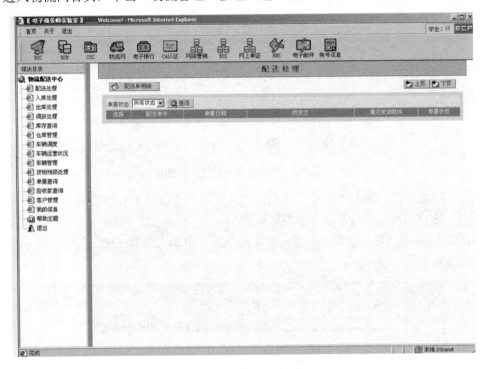

图 6.5　物流网的后台页面

1. 仓库管理

在进行物流操作之前，要新增加仓库和车辆。

1) 新增仓库

点击"新增仓库"，进入"新增仓库信息"页面，单击"新增仓库"按钮，填写仓库信息，单击"确定"按钮，完成新增仓库，如图 6.6 所示。

2) 删除仓库

选择需要删除的仓库(前提是仓库必须没有库存)，单击"删除仓库"按钮，系统完成删除仓库。

3) 仓库明细

选择需要修改的仓库，单击"仓库明细"按钮，系统进入仓库明细，修改后，单击"确定"按钮，完成仓库修改。

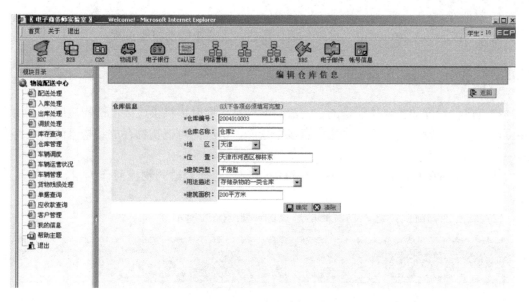

图 6.6 新增仓库信息页面

2. 车辆管理

本模块是物流商对自己的车辆进行删除、修改、新增的地方,包含新增车辆模块、车辆信息模块、报废车辆模块。

1) 车辆信息模块

在该模块对车辆信息进行修改。

选择要修改的车辆,单击"车辆信息"按钮,填写要修改的车辆信息,单击"确定"按钮,完成修改。

2) 新增车辆

(1) 点击新增模块,进入新增车辆信息页面,如图 6.7 所示。

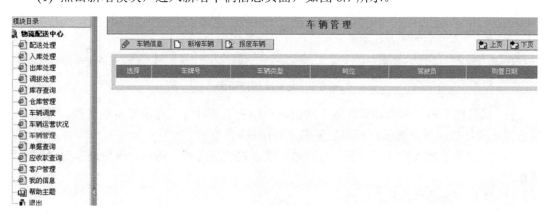

图 6.7 添加车辆信息页面

(2) 单击"新增车辆"按钮,填写新车信息,单击"确定"按钮,完成车辆的增加。

3) 报废车辆

选择要报废的车辆,单击"报废车辆"按钮,完成车辆的报废过程。

6.1.3 物流前台的管理

物流前台管理的主要功能是浏览物流商的信息,同时提供供应商申请物流服务。供应商可以选择多个物流商,每个物流商有多个仓库,供应商可把货物存放到物流商的任何仓库中。

(1) 供应商在物流管理前台浏览物流商信息,选择合适的物流商作为自己的物流服务商。

(2) 点击该物流商,进入物流商信息页面,如图6.8所示。

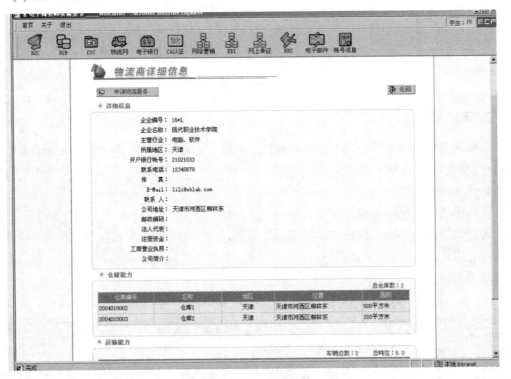

图6.8 物流商信息页面

(3) 供应商单击"申请物流服务"按钮,系统验证该身份,显示CA验证框。(提示:供应商需要注册,并下载供应商数字证书,如图6.9所示)

(4) 供应商正确选择自己的身份后,系统显示物流服务许可协议,供应商单击"同意"按钮。

(5) 供应商等待物流商审批。

项目 6　物流配送

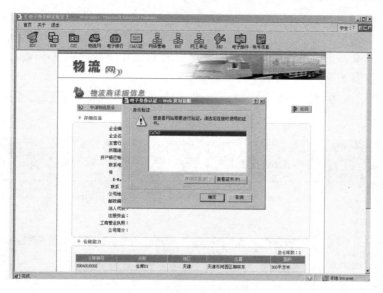

图 6.9　申请物流服务页面

6.1.4　物流后台的管理

1. 入库处理

入库处理主要是为配送中心提供入库处理。供应商发货生成的"发货单"和供应商调拨生成的"调拨单"必须经过物流商确认登记入库后，才能进入库存。

入库处理流程如下。

(1) 物流商进入"入库处理"模块，如图 6.10 所示，选择单据状态为"未入库"的单据。

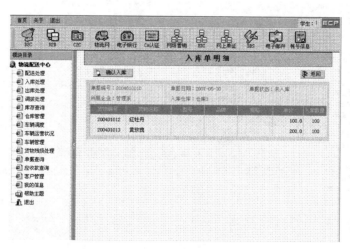

图 6.10　"入库单明细"页面

(2) 单击"单据明细"按钮，进入后单击"确认入库"按钮，库存增加，完成单据入库处理。

133

2. 配送处理

配送处理主要为物流商在配送处理中受理供应商在订单处理中生成配送单。

配送处理步骤如下。

(1) 物流商进入"配送处理"模块，如图 6.11 所示，选择"待受理"的配送单，单击"配送明细"按钮。

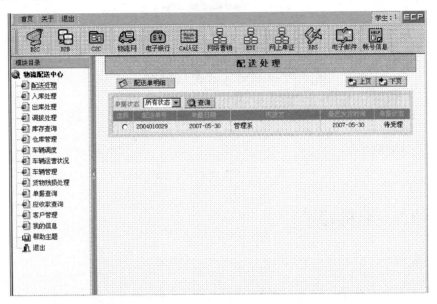

图 6.11 "配送处理"页面

(2) 系统进入"配送单明细"页面，如图 6.12 所示，单击"生成出库单"按钮，系统提示出库单生成。

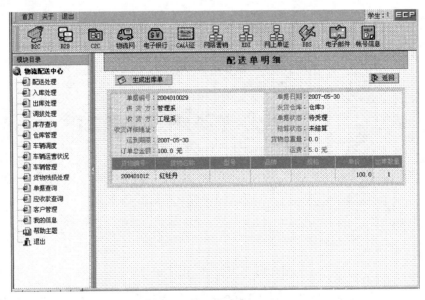

图 6.12 "配送单明细"页面

注意：出库单生成后，要转入下一步"出库处理"模块才完成出货过程；回到配送单页面，配送单状态显示为"备货中"。

(3) 物流商进入"出库处理"页面，确认出库，配送单状态变为"出货完成"。

(4) 物流商进入"车辆调度"页面进行派车处理，配送单状态变为"送货途中"。

(5) 物流员送货完毕，物流商进入配送处理模块，选择单据状态为"送货途中"的单据，单击"单据明细"按钮，进入该配送单明细。

(6) 物流商单击"送货完成"按钮，配送单状态变为"送货完成"，完成物流配送处理流程。

3. 出库处理

出库处理主要为配送中心提供出库处理。物流商受理配送单后，要对商品进行出库，以减少库存。

出库处理的步骤如下。

(1) 物流商配送中根据配送要求，生成出库单。

(2) 物流商点击"出库处理"模块，如图 6.13 所示。选择单据状态为"未出库"的出库单，单击"出库单明细"按钮，审核出库单，如图 6.14 所示。

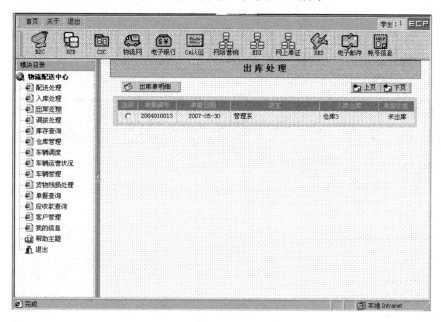

图 6.13 "出库处理"页面

(3) 物流商单击"确认出库"按钮，系统将出库单中的货物数量从指定仓库的库存中减去，完成出库处理。

4. 调拨处理

调拨处理主要是对供应商的调拨要求，进行审核确认。

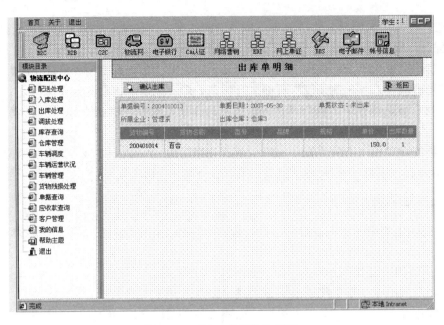

图 6.14 "出库单明细"页面

调拨处理步骤如下。

(1) 供应商生成的调拨单,在这里等待物流商处理,单据状态为"未处理"。

(2) 物流商点击后台管理的"调拨处理"模块,选择单状态为"未处理"的调拨单,单击"调拨单明细"按钮,如图 6.15 所示。

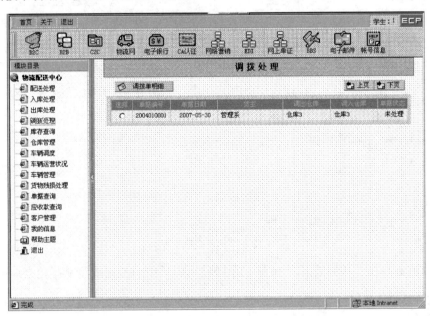

图 6.15 "调拨处理"页面

(3) 进入订单明细审核后,单击"调拨确认"按钮完成调拨处理。

5. 货物残损处理

货物残损处理主要是对供应商的仓储中发生残损的货物进行处理。

货物残损处理步骤如下。

(1) 物流商进入后台管理，单击"货物残损处理"按钮，进入"货物残损单列表"页面。

(2) 单击"新建货物残损单"按钮，进入"新建残损单"页面，如图6.16所示。

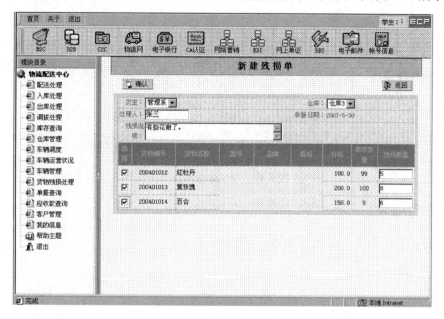

图 6.16 "新建残损单"页面

(3) 在"货主"、"仓库"两个下拉列表框中选择货主和仓库，系统列出仓库的商品信息。

(4) 点击选择需要残损处理的库存商品、填写残损数据，然后单击"确认"按钮，系统生成货物残损单。

6. 库存查询

了解仓库里有多少仓库。仓库中有多少商品存货。

7. 车辆调度

物流商出库处理完成后，进入车辆调度模块进行车辆调度，点击物流商后台管理、车辆调度，如图6.17所示。

车辆调度步骤如下。

(1) 选择单据状态为"出货完成"的单据，单击"调度单明细"按钮。
(2) 系统进入调度单明细页面，单击"车辆分配"按钮。
(3) 选择合适的车辆(运输能力必须大于货物总重量)，单击"分配"按钮返回上一页。
(4) 单击"确认"按钮，完成车辆调度。

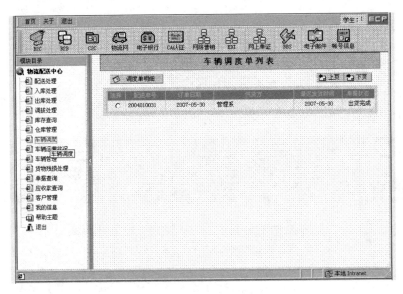

图 6.17 车辆调度单页面

8. 车辆运营状况

物流商在本模块能了解所有车辆的运营情况。

9. 单据查询

单据查询包括配送单、入库单、出库单、调拨单查询。查询各种订单的历史记录，查询内容包括订单号、订单日期、货主、调入仓库、调出仓库、单据状态等。查询条件包括订单号、订单起止日期和货主。点击物流商后台管理的"单据查询"，如图 6.18 所示。

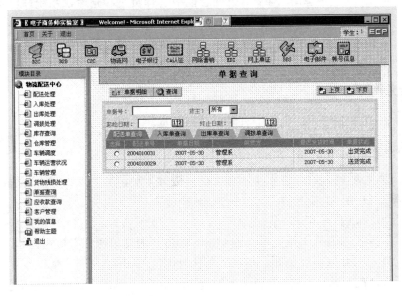

图 6.18 "单据查询"页面

查询步骤如下。

(1) 物流商进入订单查询页面，选择需要查询的单据类型，选择或输入查询条件，单击"查询"按钮。

(2) 开始查询，系统显示查询结果列表，物流商选择结果列表中的订单，单击"订单明细"按钮，系统显示订单明细，如图 6.19 所示。

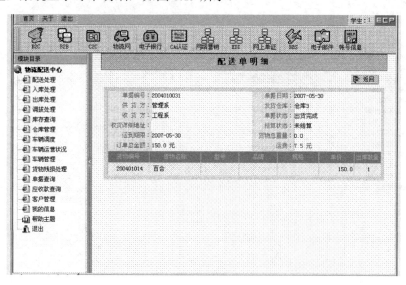

图 6.19 "配送单明细"页面

10. 应收款查询

物流商的应收账在配送订单生成的同时建立应收款明细。

(1) 点击"物流商"，进入"后台管理"的"应收款查询"模块，如图 6.20 所示。

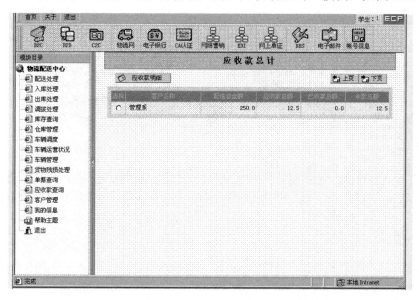

图 6.20 "应收款总计"页面

(2) 选择需要查看的供应商，单击"应收款明细"按钮，可以查看该供应商应收款，如图 6.21 所示。

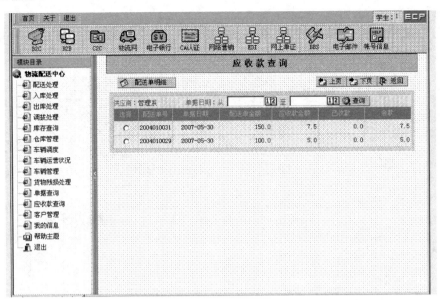

图 6.21 "应收款查询"页面

11. 客户管理

供应商如果需要物流商进行配送处理，必须向物流商申请物流服务，供应商在物流首页申请成功后，就等待物流商审批；物流商就在本模块对供应商的申请进行审批，审批流程如下。

(1) 物流商点击"客户管理"模块，如图 6.22 示，选择待审批的客户。

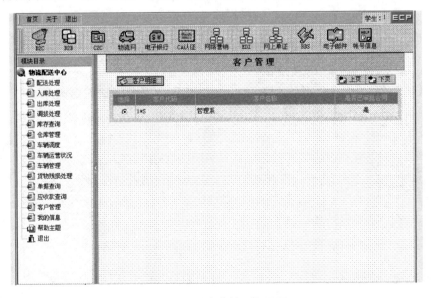

图 6.22 "客户管理"页面

(2) 单击"客户明细"按钮进入客户信息页面,单击"审批"按钮,完成审批过程。

任务 6.2　物流配送实务

电子商务物流是指在电子商务交易活动中,为实现商流转移而进行的接收、存储、包装、搬运、配送、运输等实物处理与流动过程。下面以阿里巴巴物流服务平台为例,介绍物流配送中的有关操作。

1. 阿里物流介绍

1) 什么是阿里物流

阿里巴巴物流服务平台(56.1688.com),是阿里巴巴旗下的在线物流服务,可供用户在网上发快递及发货运、进行运单管理及针对运单做物流跟踪,简称阿里物流,如图 6.23 所示。

2) 阿里物流的优势

(1) 专享折扣:发货独享品牌物流商八折起优惠,以及不定期优惠活动。

(2) 安全保障:价格真实,同时平台特有安全保障,优先赔付帮用户降低风险。

(3) 线路覆盖:平台已接入德邦、新邦、佳吉、天地华宇、中铁、城市之星、盛辉等 3000 多家货运物流商,200 多万条线路,支持发货到全国。

(4) 运单管理:用户可以管理及跟踪用户所有的运单,对货物情况了如指掌。

图 6.23　阿里物流首页

2. 设置运费模板

1) 什么是运费模板

运费模板是帮助卖家节省时间、提升效率而重磅推出的一种运费工具。目前运费模板包含快递和货运两种模板,用户可根据自己的发货情况进行选择。

2）为什么要设置运费模板

(1) 方便：使用后，下单过程简单流畅，运费自动生成。

(2) 省力：成交后，无须频繁修改运费。

(3) 促进交易：可实现无人在线自动成交。

3）如何设置运费模板

运费模板包含快递和货运两种模板，一个运费模板中必须包含快递模板或货运模板，也可以两者同时设置，一个会员账户最多可设置 5 个运费模板。下面分别介绍如何创建快递模板和货运模板。

3．创建快递模板

(1) 在"我的阿里"中点击"已卖出的货品"，之后进入"卖家交易管理"应用，点击"物流设置"，单击"新建运费模板"按钮，如图 6.24 所示。

图 6.24　新建运费模板页面

(2) 选择快递模板，并对其进行具体设置，如图 6.25 所示。

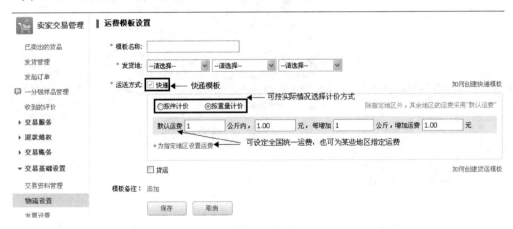

图 6.25　设置快递模板页面

注：填写说明如表 6.1 所示。

表 6.1 快递模板填写说明

名 称	是否必填	说 明	
模板名称	必填	最多 24 个字，且不能与已有模板名称重复	
默认运费(每个格子都保留 2 位小数)	必填	"按件数"计价	"按重量"计价
		首件：必须小于 100	首重：必须小于 100
		首件价格：必须小于 1000	首重价格：必须小于 1000
		续件：必须大于 0，且小于 10	续重：必须大于 0，且小于 10
		续重单价：必须小于 1000	续重单价：必须小于 1000
模板备注	非必填	单击"添加备注"按钮后可填写，填写不超过 100 个中英文字	
补充说明		如果发布供应产品时，选择的快递模板是"按件计价"的，则货品重量为非必填项；如果是"按重量计价"的，则货品重量为必填项	

(3) 单击"为指定地区设置运费"按钮，会弹出"添加发货地区"列表框，选择所需设定的省份或地区后，单击"保存"按钮，如图 6.26 所示。

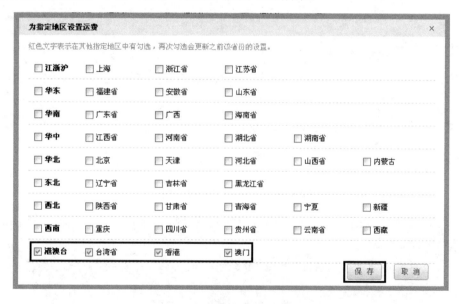

图 6.26 为指定地区设置运费页面

(4) 保存快递模板。

全部设置完成后，单击最下方的"保存"按钮即可完成创建。

(5) 关联供应产品。

对已经发布的产品必须要做关联操作，否则产品不展示该条设置运费信息。具体路径："运费模板"→"管理关联信息"。选择需要使用该运费模板的货物进行关联，单击"确定"按钮即可，如图 6.27 所示。

(6) 在"全部供应产品"中选择要修改运费设置的信息，然后单击"批量修改"按钮或逐个修改，选择运费设置后单击"确认"按钮即可，如图6.28所示。

图6.27　管理关联信息页面(1)

图6.28　管理关联信息页面(2)

(7) 对要修改运费模板的产品选择对应的运费模板，单击"确认"按钮进行保存，如图6.29所示。

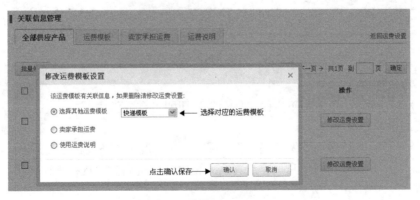

图6.29　管理关联信息页面(3)

项目6 物流配送

(8) 修改运费模板成功，单击"确定"按钮完成运费模板与产品的关联，如图 6.30 所示。

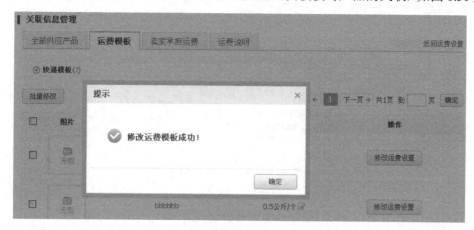

图 6.30　管理关联信息页面(4)

4. 创建货运模板

创建货运模板与创建快递模板相似的内容不再赘述，在此只对不同的内容进行介绍。
(1) 第一步与创建快递模板相同，请参考"3.创建快递模板"中的(1)。
(2) 选择货运模板，并对其进行具体设置。用户可以直接选择系统提供的物流商运价模板，系统会自动显示出该物流商对应的运费折扣、保价费率、其他费用(每个货运模板仅可以选择一个"物流商运价模板")，如图 6.31 所示。

图 6.31　设置货运模板页面

(3) 如用户有更低的折扣，可以单击"我有更低的折扣"按钮并手动更改，如图6.32所示。

图 6.32　修改运费最低折扣页面

说明如下。
- "物流商运价模板"：默认可供选择的是阿里巴巴物流服务平台的部分品牌物流商。用户可以查看他们在平台的运费折扣价格。
- "运费"：物流商在阿里物流的优惠折扣价。
- "保价费率"：该物流商发货时需要对货物进行强制保价，根据货值与该费率进行计算得出保价手续费。
- "其他费用"：可能产生的其他必需费用，例如，短信通知费、工本费、燃油附加费。
- "模板备注"：如设置运费模板时只设置了货运模板，则"模板备注"将变为必填项，默认会显示"运费价格请参考货运费用进行填写，具体的可以联系卖家沟通。"用户可以自行修改。

(4) 保存货运模板。全部设置完成后，单击最下方的"保存"按钮即可完成创建。

(5) 关联供应产品。货运模板与快递模板一样，对已经发布的产品必须要做关联操作，否则产品不展示该条设置运费信息。操作方法与快递模板相同，在此不再赘述。

5. 物流订单查看与跟踪

通过阿里物流下单之后，可以通过以下两种方式查询跟踪信息。

方法一：登录"我的阿里"找到并进入"物流服务"应用，单击"我的物流"，点击"我的运单"，根据"物流编号"、"运单号"、"收货方单位名称"以及"创建时间"和"运单状态"来查询运单，查询到该运单，点击"查看"，即可查看运单详情，在页面上会显示该笔运单的物流运送进展信息，如图6.33所示。

为了更好地展现运单现在的受理情况，目前系统中有七种状态，分别是：未受理、已受理、运输中、已签收、已撤销、揽件失败、签收异常。点击"运单状态"可以根据不同状态来查询运单详情，如图6.34所示。

项目 6　物流配送

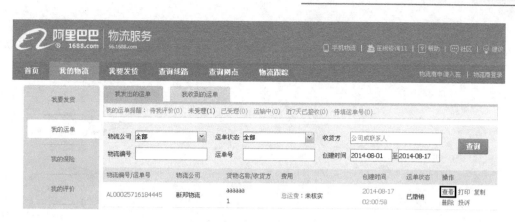

图 6.33　查看运单详情页面

图 6.34　根据运单状态查看运单详情页面

运单状态是为了更好地展现运单目前的受理情况，运单状态分类及说明如表 6.2 所示。

表 6.2　运单状态说明

编号	状态	详细说明
1	未受理	发货方下单成功，物流公司还未受理
2	已受理	物流公司受理成功，但货物还未开始运输
3	运输中	物流公司受理成功，且货物已经在运输过程中
4	已签收	收货方签收成功
5	已撤销	客户已撤销了之前生成的运单
6	揽件失败	发货方下单成功，而物流公司在揽件过程中产生了某种情况，导致货物没有进行运输。例如：货物类型不在物流公司的业务范围、发货方不想运输了等等。物流公司会线下单独和客户解释揽件失败的具体原因
7	签收异常	收货方因货物丢失、货物破损等而拒绝签收。属于该状态的运单，会进入物流公司的理赔流程

方法二：登录"我的阿里"找到并进入"物流服务"应用，点击"物流跟踪"，选择物流公司，输入运单号即可，如图 6.35 所示。

图 6.35　物流跟踪查询页面

【实训总结】

结合具体企业总结一下电子商务物流的流程。

【实训考核】

课程名称	考核单元	细化项目考核	分数分配	考核标准与评分办法
物流配送			100	
	通用能力考核		40	
		基本素质	40	1. 自立、自律能力　　　　　5分 2. 学习发展能力　　　　　　5分 3. 交流、表达能力　　　　　5分 4. 团队合作能力　　　　　　5分 5. 评判、创新能力　　　　　5分 6. 信息技术能力　　　　　　5分 7. 刻苦、耐劳能力　　　　　5分 8. 应急应变能力　　　　　　5分
	物流实务能力		60	
		市场调查技术	20	1. 能根据业务需要选择合适的物流渠道和服务公司　　5分 2. 信息资料的真实可靠性　　5分 3. 信息资料的准确适用性　　5分 4. 信息资料的时效性　　　　5分

续表

课程名称	考核单元	细化项目考核	分数分配	考核标准与评分办法	
		项目总结报告	40	1. 项目分析报告有针对性 2. 项目分析报告具有可行性 3. 观点鲜明 4. 资料翔实 5. 论证充分 6. 分析到位	10分 10分 5分 5分 5分 5分
备 注					

项目 7 网络营销

【任务引入】

移动营销的中国实践

"有没有自己的品牌态度,是否真正做到精准化区隔和精准营销,能否积极尝试并拓展商业化",这不仅仅是网易正在思考和急于解决的问题,也是每一个门户网站和传统媒体共同面临的难题。

在当前中国互联网转型梯队中,门户无疑是最悲壮的一列。曾经以新锐骑兵一举打破传统媒体的天下,从成功分羹到最后成为被人公认的第四大媒体——网络媒体。而今,移动媒体的异军突起再次将 PC 网媒逼至改革思变的墙角。

作为媒体属性信息内容服务板块,门户到底如何变?是像雅虎走向个性化内容生产与服务,还是在盈利模式上,继续传统卖流量的方式或发软文模式?显然,这些模式不再受宠,而通向精准化营销或原生广告之路,依然存在困难。此困局如何破?

在 2014 年北京 GMIC 全球移动互联网"移动营销峰会"上,网易营销群总经理李淼做的分享,或许对思考或探索上述问题有启示。

问题:

1. 网络营销的含义?
2. 什么是移动营销?
3. 移动营销和网络营销有什么关系?

【任务要求】

通过模拟实验系统,练习能运用虚拟平台进行营销策划、实施,以及因此涉及的网上问卷调查、网络广告等相关操作,通过公众平台实训练习独立进行营销活动。

- 通过会员注册实验,理解会员注册的意义。
- 要求通过模拟实验系统,学生能掌握会员注册的一般步骤了。
- 了解搜索引擎的特点、结构和使用情况。
- 熟悉网络营销的流程。
- 熟练地掌握网上开店的操作。

【任务实施】

任务 7.1 电子商务实验室平台网络营销

7.1.1 个人会员信息

1. 会员注册步骤

第一步：点击网络营销首页，如图 7.1 所示，选择注册。

图 7.1 网络营销首页

第二步：进入注册页面，填写注册信息，单击"确定"按钮完成会员注册，如图 7.2 所示。

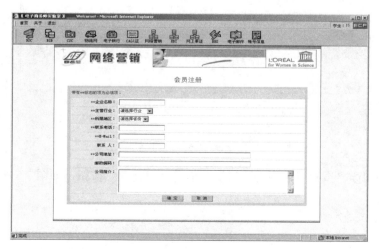

图 7.2 填写注册信息

第三步：登录电子邮箱，查看登录注册信息如图 7.3 所示。

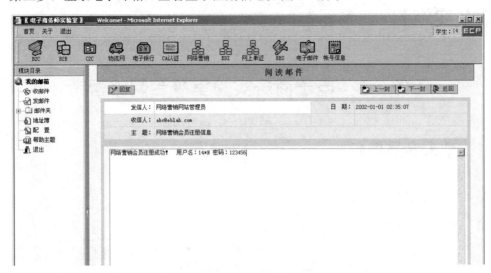

图 7.3　查看邮箱中登录注册信息

2. 搜索引擎购买

第一步：点击搜索引擎页面，单击"购买"按钮，如图 7.4 所示。

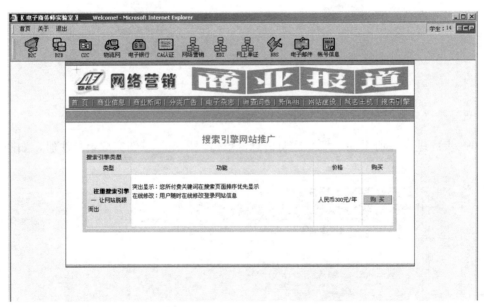

图 7.4　搜索引擎页面

第二步：阅读"搜索引擎服务协议"，单击"我同意"按钮，如图 7.5 所示。

项目 7　网络营销

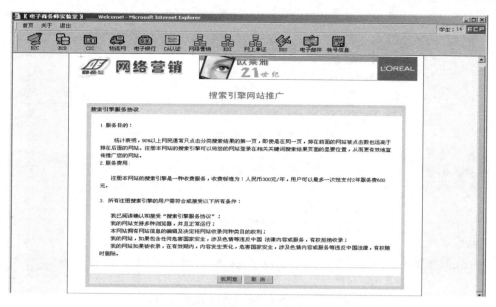

图 7.5　搜索引擎服务协议页面

第三步：系统给出受理成功的页面，完成搜索引擎的购买。

3. 利用搜索引擎进行网站推广

第一步：填写推广网站的用户名和密码，单击"继续"按钮，如图 7.6 所示。

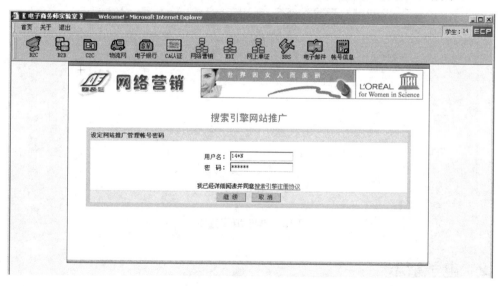

图 7.6　搜索引擎推广页面

第二步：填写推广网站的信息和使用年限，单击"继续"按钮，如图 7.7 所示。

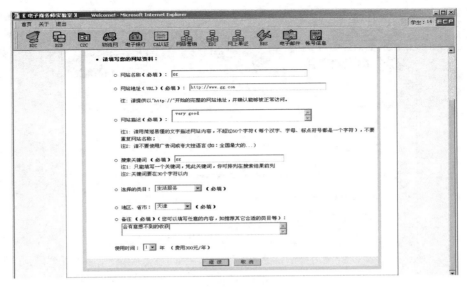

图 7.7　填写推广网站的信息和使用年限

第三步：阅读资料单击"完成"按钮，如图 7.8 所示。

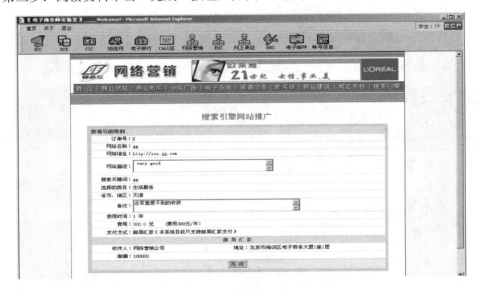

图 7.8　信息填写完成

7.1.2　电子杂志

1. 订阅电子杂志(前台)

1) 订阅过程

第一步：进入"网络营销"→"电子杂志"页面，如图 7.9 所示，选择需要订阅的杂志类型。

项目 7 网络营销

图 7.9 网络营销/电子杂志页面

第二步：填写正确的 E-mail，输入密码，单击"订阅"按钮，系统提示完成订阅。

2) 取消订阅过程

第一步：进入"网络营销"→"电子杂志"页面，如图 7.9 所示，选择需要取消订阅的杂志类型。

第二步：填写正确的 E-mail，输入密码，单击"取消订阅"按钮。

2. 新建电子杂志(后台)

第一步：进入网络营销首页填写用户名和密码登录到网络营销后台，进入"电子杂志"页面，如图 7.10 所示。

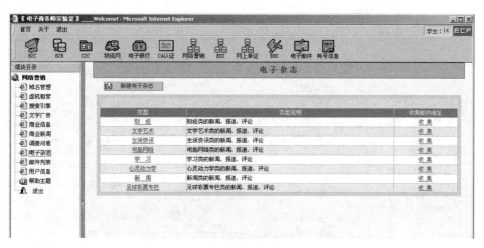

图 7.10 电子杂志后台页面

第二步：选择电子杂志类型，单击"新建电子杂志"按钮，填写相关内容，如图 7.11 所示。

第三步：填写电子杂志内容，单击"发送"按钮，系统显示发送成功，电子杂志邮件发送到了订阅者的信箱，登录邮箱查看电子杂志，如图 7.12 和图 7.13 所示。

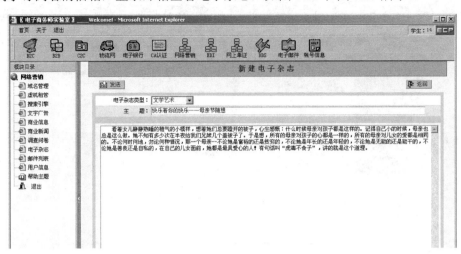

图 7.11　填写新建电子杂志相关内容

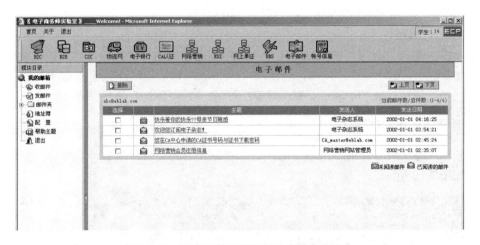

图 7.12　登录邮箱查看发送的电子杂志(1)

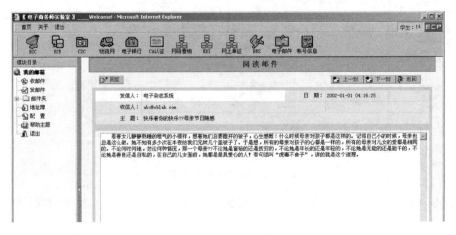

图 7.13　登录邮箱查看发送的电子杂志(2)

7.1.3 电子邮件列表营销

前台完成电子杂志订阅手续,就可以在后台收集订阅地址。

1. 收集邮件地址

第一步:会员进入网络营销/电子杂志模块,如图 7.14 所示,点击"收集"链接,系统自动把前台订阅的 E-mail 地址收集到邮件列表中,系统提示操作成功,如图 7.15 所示。

图 7.14　网络营销/电子杂志模块

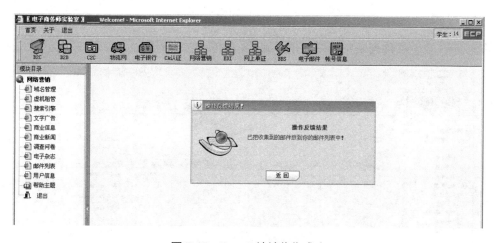

图 7.15　E-mail 地址收集成功

第二步:通过增加电子邮件方式,点击网络营销/邮件列表,如图 7.16 所示,邮件列表本身有增加电子邮件功能,可以通过手工方式增加、删除、修改邮件地址的方式增加电子邮件,如图 7.16 所示,填写完内容之后,单击"确定"按钮,系统提示操作成功,如图 7.17 所示。

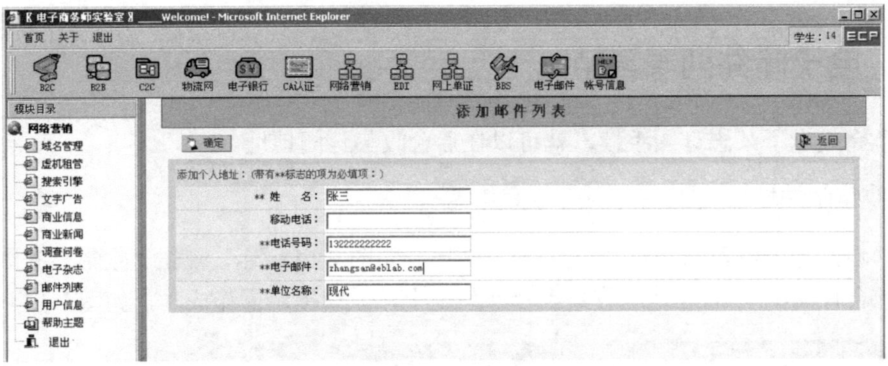

图 7.16　添加邮件列表

图 7.17　邮件列表添加成功

第三步：查看邮件列表中新增加电子邮件，如图 7.18 所示。

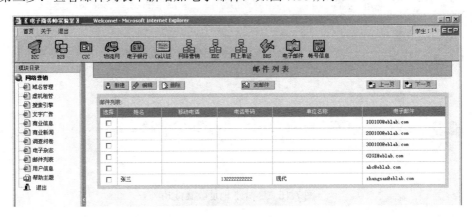

图 7.18　查看邮件列表中新增加电子邮件

2．邮件发送

第一步：进入网络营销后台管理点击"邮件列表"，在此页面中单击"发邮件"按钮，出现"撰写邮件"页面，如图 7.19 所示。

项目7 网络营销

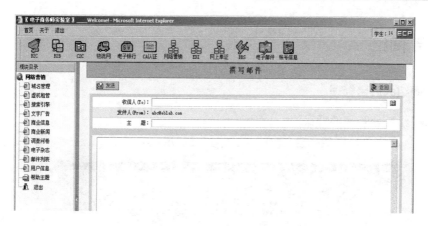

图 7.19 "撰写邮件"页面

第二步：填写邮件信息，单击收件人地址选择按钮，出现"邮件列表"页面如图 7.20 所示。

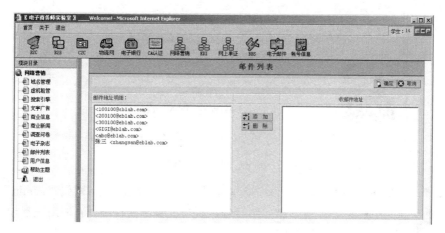

图 7.20 "邮件列表"页面

第三步：可以选择左侧需要发送的电子邮件，单击"添加"按钮，添加收邮件地址，添加完成邮件地址之后单击"确定"按钮，实现邮件群发的功能，如图 7.21 所示。

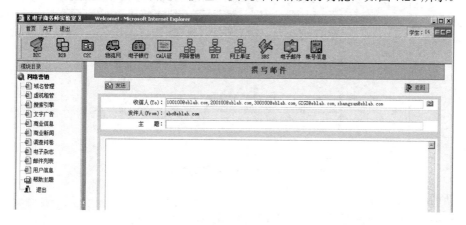

图 7.21 邮件群发

7.1.4 新闻组

1. 新闻组的后台管理

1) 新闻组后台管理的登录

第一步：点击"新闻组后台管理"，如图 7.22 所示。

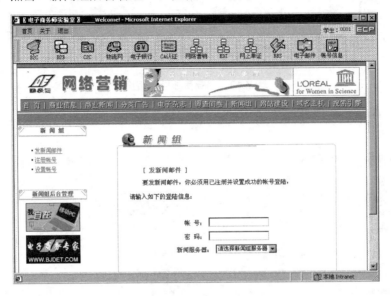

图 7.22 点击"新闻组后台管理"

第二步：在如图 7.23 所示的页面中填写管理员账号"admin"，密码"admin"进入后台管理页面。新闻组后台管理包括新闻组管理、新闻组服务器管理、新闻组注册用户管理、新闻组邮件管理 4 个部分(参见图 7.24)。

图 7.23 新闻组后台管理的登录页面

2) 新闻组服务器管理

第一步：点击"新闻组后台管理"进入新闻组后台管理页面。

第二步：查看新闻服务器列表信息，如图 7.24 所示。

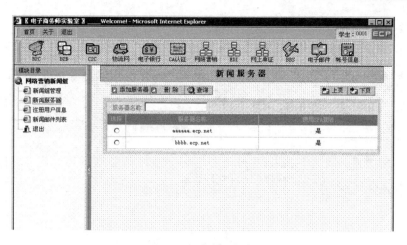

图 7.24 新闻服务器列表信息

第三步：根据查询条件查找相关新闻服务器。

第四步：添加新的新闻服务器，如图 7.25 所示。

图 7.25 添加新闻组服务器页面

第五步：删除新闻服务器。

3) 新闻组管理

第一步：进入新闻组后台管理页面。

第二步：查看新闻组服务器列表信息，如图 7.26 所示。

图 7.26 新闻组服务器列表信息

第三步：根据查询条件查找相关新闻组。
第四步：添加新的新闻组，如图 7.27 所示。

图 7.27　添加新闻组页面

第五步：删除已有的新闻组。
4) 新闻组注册用户信息管理
第一步：查看所有前台注册用户列表信息，如图 7.28 和图 7.29 所示。

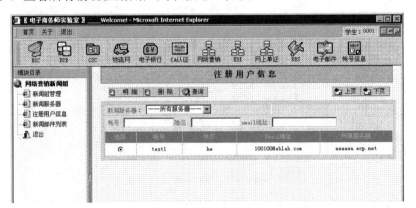

图 7.28　所有前台注册的用户列表信息

图 7.29　用户列表详细信息

第二步：根据查询条件查找相关注册用户信息。

第三步：删除注册用户。

5) 新闻组邮件管理

第一步：进入新闻组后台管理页面。

第二步：查看新闻邮件列表信息，如图 7.30 所示。

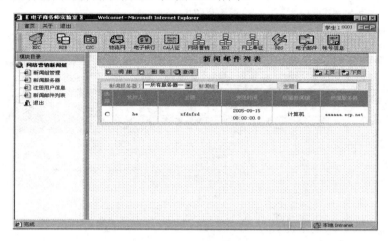

图 7.30　新闻邮件列表

第三步：根据查询条件查找相关新闻邮件信息。

第四步：删除不合法邮件。

2．新闻组发布

1) 注册账号

第一步：登录到新闻组页面，点击"注册账号"，申请登录新闻组的账号，如图 7.31 所示。

图 7.31　新闻组账号注册页面

第二步：填写相关内容，单击"确定"按钮。

2) 设置账号

在注册完成以后，还需要对其新闻组的账号进行设置，设置参照 Outlook 里的新闻组账号设置步骤进行新闻组账号设置。设置分七步进行，每步都有详细的说明，用户只需根据说明一步一步地设置就可以把新闻组账号设置好。

第一步：登录到新闻组页面，点击"设置账号"。

第二步：填写新闻组发布者姓名，如图 7.32 所示，单击"下一步"按钮。

图 7.32　填写新闻组发布者姓名

第三步：填写电子邮件地址，如图 7.33 所示，单击"下一步"按钮。

图 7.33　填写电子邮件地址

第四步：选择 Internet 新闻服务器，如图 7.34 所示，单击"下一步"按钮。

图 7.34　选择 Internet 新闻服务器

第五步：登录 Internet 新闻服务器，如图 7.35 所示，单击"下一步"按钮。

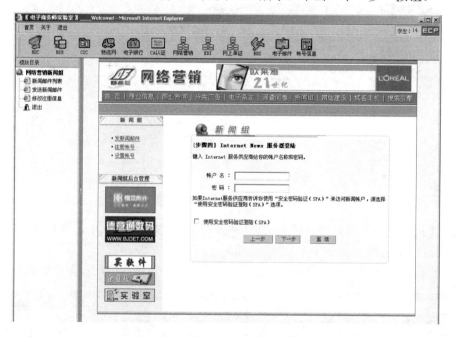

图 7.35　登录 Internet 新闻服务器

第六步：保存信息，单击"完成"按钮，如图 7.36 所示。
第七步：系统提示设置成功；单击"返回"按钮查看新设置的新闻组。
3) 发新闻邮件
第一步：输入注册的账号和密码进行登录。
第二步：进入"发新闻邮件"页面，如图 7.37 所示。

图 7.36　保存信息页面

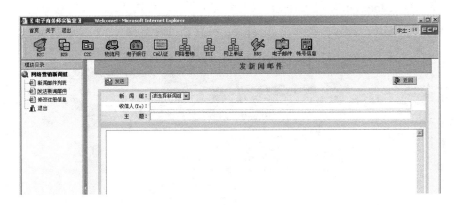

图 7.37　"发新闻邮件"页面

第三步：选择"发送新闻邮件"，填写收件人、主题和内容，单击"发送"按钮。

4) 修改注册信息

第一步：进入新闻组页面点击"修改注册信息"，进入修改信息页面，如图 7.38 所示。

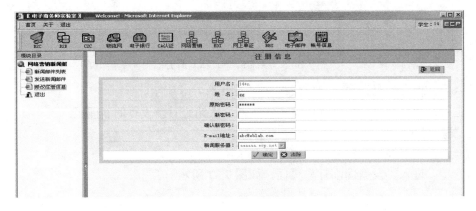

图 7.38　修改信息页面

第二步：填写需要修改的信息单击"确定"按钮。

第三步：系统提示修改信息成功。

7.1.5 网络广告

第一步：登录网络营销首页，点击用户登录，进入网络营销后台，并选择"文字广告"，如图 7.39 所示。

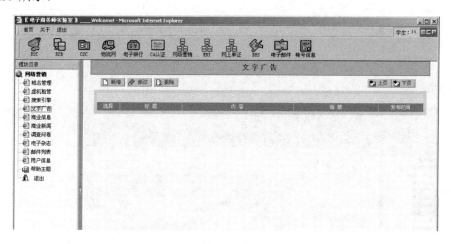

图 7.39 发布文字广告页面

第二步：单击"新增"按钮，进入"添加文字广告"页面，选择发布类型、广告类型、广告名称、广告链接，如图 7.40 所示。

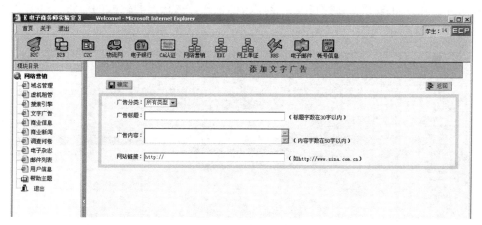

图 7.40 新建文字广告

第三步：单击"确定"按钮，完成文字广告发布，如图 7.41 所示。

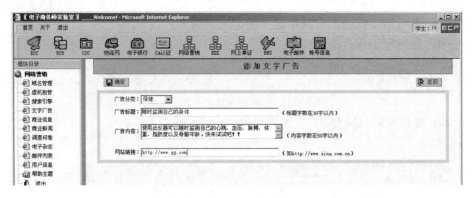

图 7.41 完成文字广告发布

第四步:系统提示操作成功,单击"返回"按钮,如图 7.42 所示。

图 7.42 广告发布成功

第五步:在此页面可以进行修改文字广告的操作,选择需要修改的广告,单击"修改"按钮,如图 7.43 所示。

图 7.43 文字广告的修改

第六步:选择需要修改的内容,进行修改,修改完成后,单击"确定"按钮,如图 7.44 所示。

第七步:系统提示修改成功,如图 7.45 所示。(如果广告不需要修改,则第五步到第七步可以省略)

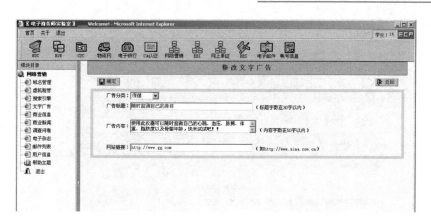

图 7.44　文字广告的修改

图 7.45　文字广告修改成功

第八步：点击网络营销首页中的"分类广告"，广告发布在这里，如图 7.46 所示。

图 7.46　网络营销首页/分类广告页面

第九步：点击查看广告，如图 7.47 所示。

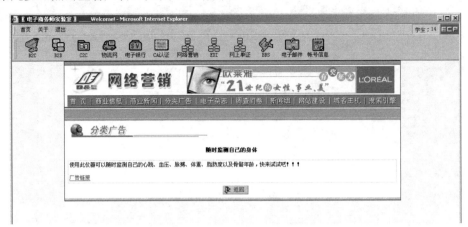

图 7.47　查看发布的文字广告

7.1.6　调查问卷

1. 调查问卷(前台)

点击网络营销首页中的"调查问卷"，如图 7.48 所示。

图 7.48　网络营销的"调查问卷"页面

2. 调查问卷(后台)

第一步：会员登录。
第二步：在这一页面可以进行新增、修改、删除调查问卷的操作。
第三步：单击"新增"按钮，进入新增调查问卷页面，如图 7.49 所示。

图 7.49 新增调查问卷页面

第四步:选择问卷类型,拟定问卷题目,添加选项,如图 7.50 和图 7.51 所示。

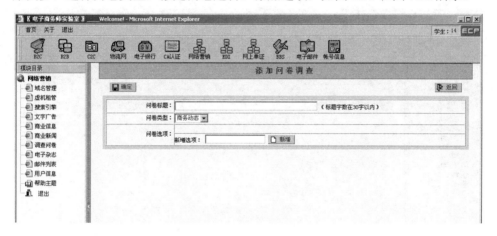

图 7.50 添加调查问卷(1)

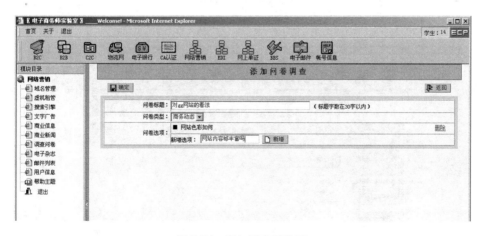

图 7.51 添加调查问卷(2)

第五步:单击"确定"按钮,提交问卷,系统提示添加成功,如图 7.52 所示,单击"返回"按钮查看新添加的调查问卷。

图 7.52 问卷添加成功

第六步：查看新添加的问卷，如图 7.53 所示。

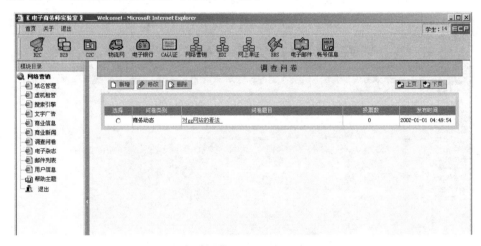

图 7.53 查看新添加的问卷

第七步：系统自动发布这条在线调查问卷，如图 7.54 所示。

图 7.54 系统自动发布的调查问卷

7.1.7 用户信息

第一步：会员登录，进入网络营销后台管理。
第二步：点击用户信息。
第三步：查看自己的信息，如需修改，单击"修改"按钮，进入修改用户信息页面，填写需要修改的信息，单击"确定"按钮，如图 7.55 所示。

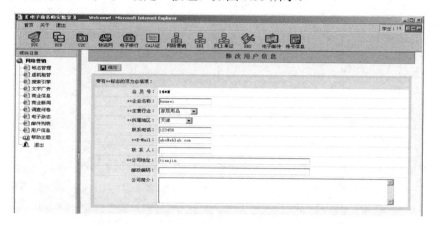

图 7.55　修改用户信息页面

第四步：系统提示信息修改成功。

7.1.8 域名的申请

1. 域名申请操作步骤

用户在前台申请域名主机，网络营销商在后台管理域名主机。
1) 申请域名(前台)
第一步：点击"域名主机"，如图 7.56 所示，填写网站域名，单击"注册"按钮。

图 7.56　域名主机页面

第二步：系统审核该域名是否有重复，域名审核通过后，单击"继续"按钮，如图 7.57 所示。

图 7.57　域名审核通过

第三步：阅读用户域名协议。

第四步：填写用户名和密码，单击"继续"按钮，如图 7.58 所示。

图 7.58　填写用户名和密码页面

第五步：选择域名使用时间，单击"继续"按钮，如图 7.59 所示。

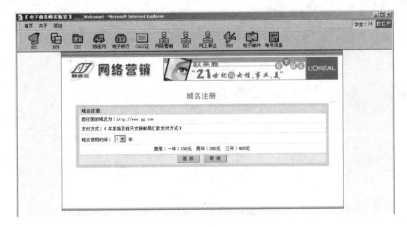

图 7.59　选择域名使用时间

第六步：系统给出域名注册信息，单击"完成"按钮，完成注册，如图 7.60 所示。

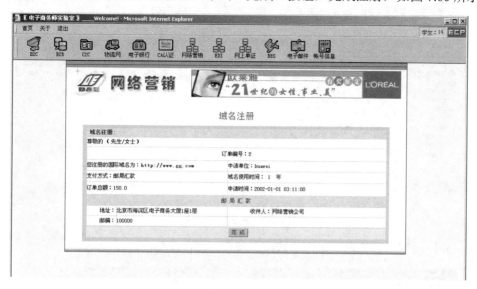

图 7.60　完成注册

2) 域名管理(后台)

第一步：点击网络营销首页，如图 7.61 所示，进行会员登录。

图 7.61　会员登录

第二步：点击域名管理，如图 7.62 所示，选择需要修改的域名，单击"域名信息"按钮。

图 7.62 域名管理页面

第三步：填写域名管理，单击"修改"按钮，如图 7.63 所示。

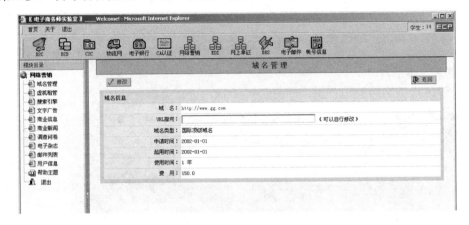

图 7.63 修改域名管理

第四步：系统提示修改 URL 成功，如图 7.64 所示。

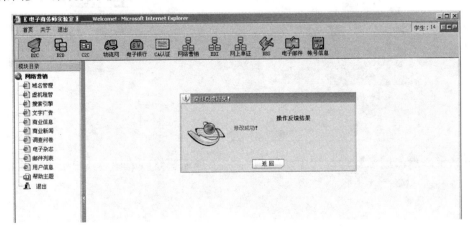

图 7.64 URL 修改成功

2. 虚拟主机租用

1) 虚拟主机租用(前台)

第一步：点击"域名主机"查看虚拟主机租用，选择适合自己的方式，如图 7.65 所示。

图 7.65　虚拟主机租用页面

第二步：点击订购，查看虚拟主机租用信息，单击"继续"按钮，如图 7.66 所示。

图 7.66　查看虚拟主机租用信息

第三步：阅读用户协议同意后，设定虚拟主机管理账号、密码，单击"继续"按钮，如图 7.67 所示。

第四步：选择域名使用时间，单击"完成"按钮，如图 7.68 所示。

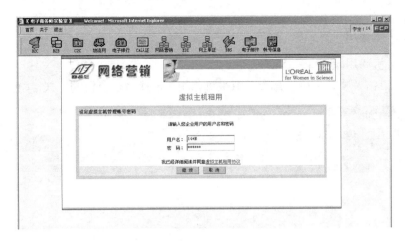

图 7.67　设定虚拟主机管理账号密码

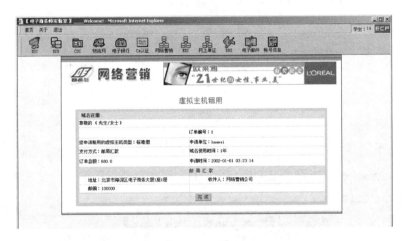

图 7.68　设定域名使用时间

第五步：系统给出受理成功页面，完成虚拟主机租用。

2) 虚拟主机租用(后台)

第一步：点击网络营销首页，进行会员登录。

第二步：点击"虚机租管"模块("虚机"即"虚拟主机")，如图 7.69 所示。

图 7.69　后台虚机租管页面

第三步：进入虚拟主机模块后，选择需要查看的项目，点击"虚拟信息"进行查看，如图 7.70 所示。

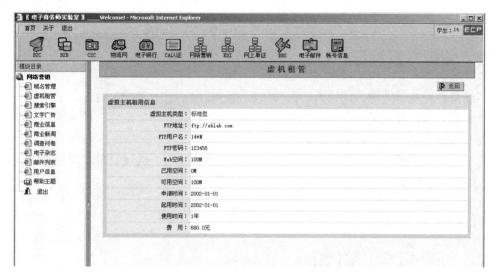

图 7.70　查看虚拟主机信息

7.1.9　网站建设

第一步：进入网络营销的"网站建设"页面，如图 7.71 所示。

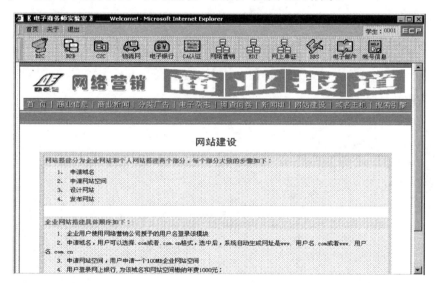

图 7.71　"网站建设"页面

第二步：阅读相关信息。

任务 7.2　互联网营销

7.2.1　营销方案制订

网络营销并非单纯地将营销活动由传统渠道移植网络这一新的渠道中，它是企业运用网络技术和计算机技术对现有营销的整体活动，包括市场和产品定位、价格制定、渠道选择、促销方式等整体的改造和重塑。

营销方案制订包括：评价总体营销成果、制订网络计划、撰写书面计划。

(1) 评价总体营销情况。

(2) 制订网络营销计划。

(3) 撰写书面计划。

7.2.2　SEO 搜索引擎优化

1. 利用百度检索

进入百度的因特网主页，如图 7.72 所示。

图 7.72　百度主页

在检索框中输入"中国纺织发展"，主页面默认"网页"，选择"检索所有中文网页"，然后单击"百度一下"按钮，则得到图 7.73 所示的结果。

图 7.73 利用百度检索出"中国纺织发展"资料

2. 百度竞价推广

打开百度推广注册页(http://www2.baidu.com/)，如图 7.74 所示。

图 7.74 百度竞价后台登录入口

点击"注册"链接，填写注册信息，如图 7.75 所示。

图 7.75　注册页

3. 使用百度指数

百度指数是百度工具之一，用来分析某些关键字在百度上的搜索热度，可以用来判断一个关键字对客户是否有价值。

打开百度指数页面(http://index.baidu.com/)，输入关键字，比如"活动房"，如图 7.76 所示。

图 7.76　关键字"活动房"的热度

7.2.3 E-mail 营销

E-mail 营销又称电子邮件营销。它是把需要传达给客户的信息，制作成图文并茂的 E-mail，通过专业的邮件服务器和邮件发送软件，准确地发送到数据库中统计的目标客户的邮箱中去，如图 7.77 所示。

图 7.77　E-mail 营销广告

下面以 Foxmail 软件群发一封 html 邮件广告为例，来介绍 E-mail 营销应用。首先新建一个信纸模板，如图 7.78 所示。

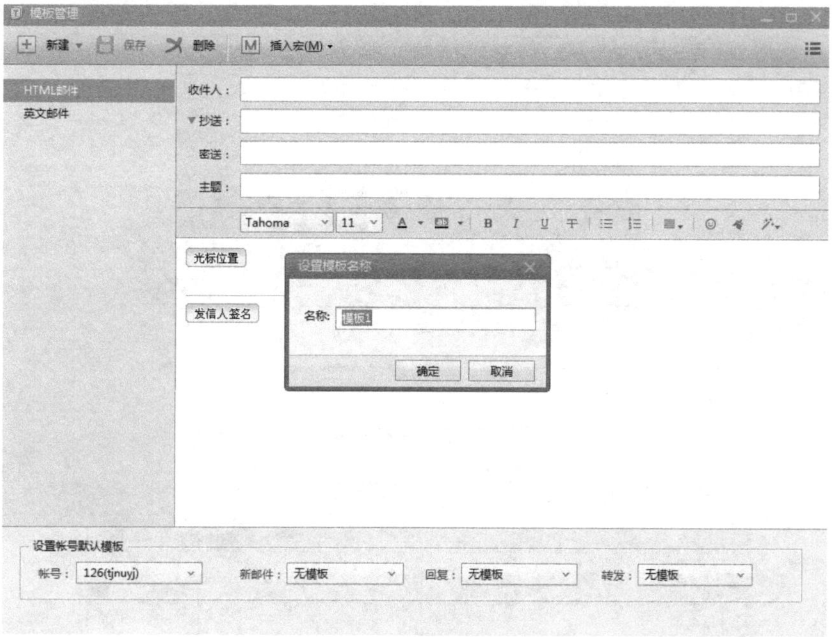

图 7.78　信纸模板

第一步：插入图片，如果 7.79 所示。

图 7.79　模板图片

第二步：保存模板，如图 7.80 所示。

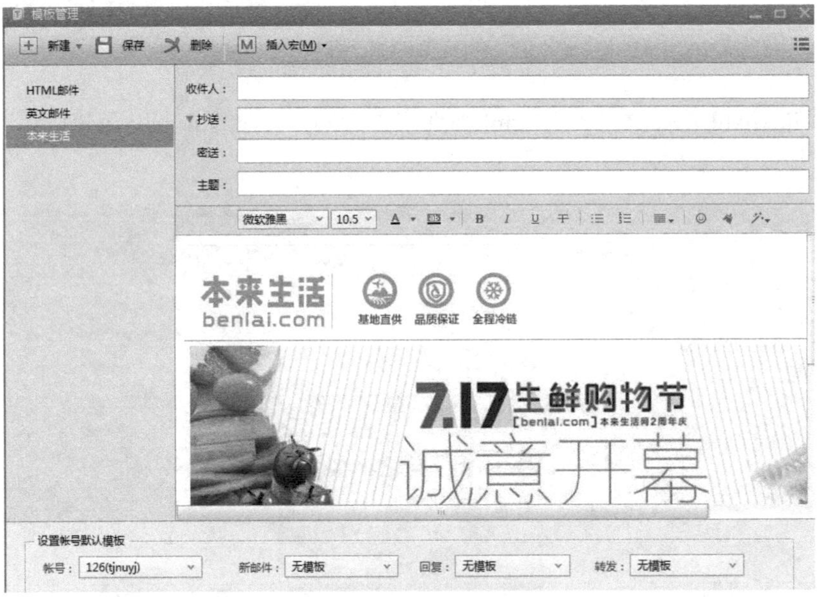

图 7.80　保存模板

第三步：发送邮件，单击"发送"按钮，如图 7.81 所示。

图 7.81　发送邮件

7.2.4 移动营销

进入 Web 2.0 时代是明显区别于 Web 1.0，拥有如分享、贡献、协同、参与等明显特征。微信营销是 Web 2.0 时代企业营销模式的一种典型模式。这里，以微信营销为例，如图 7.82 所示，介绍移动营销。

图 7.82 微信

1. 注册

微信注册界面如图 7.83 所示。

QQ 账号注册：在微信登录界面，选择"直接用 QQ 登录"，然后直接输入 QQ 号和密码，根据提示完成注册即可。

手机号注册：在微信登录页面，选择"使用手机号注册"或"创建新账号"→输入手机号码，根据提示完成注册即可(支持全球 100 多个国家手机号码注册微信)。

图 7.83 微信注册

2. 登录

微信登录界面如图 7.84 所示。

手机登录：QQ 号、手机号、微信号均可登录(一次只能登录一个微信)。

网页登录：通过电脑浏览器登录，在通过手机登录微信→发现→扫描二维码→扫描电脑浏览器的二维码→手机点击登录。

更换手机登录：为了确保好友之间正常有效的信息沟通，更换手机登录，系统会下发之前手机最后一次的聊天信息。

图 7.84　微信登录

3. 添加好友

微信添加好友界面如图 7.85 所示。

按号码查找：通过输入好友的微信号、QQ 号、手机号查找添加好友。

操作步骤：登录微信→通讯录→右上角的"添加"→搜索号码。

图 7.85　微信添加好友

4. 黑名单

登录微信后选择"通讯录"→选中某一好友→详细资料→选择"加入黑名单"即可；添加至黑名单后，您将不再收到对方任何消息，如图 7.86 所示。

图 7.86　加入黑名单

解除方法：点击"我"→"隐私"→"黑名单"→"选择对应好友"后，找到"通讯录黑名单"，如图 7.87 所示。在"详细资料"菜单中选择"移出黑名单"命令即可，如图 7.88 所示。

图 7.87　找到通讯录黑名单

5. 视频功能

在聊天框中点击"+"→视频通话→发起视频通话即可，如图 7.89 所示。

图 7.88 选择"移出黑名单"命令

图 7.89 视频聊天

6. 摇一摇传图

可以将电脑网页上的图片"摇"到手机上,更可以让好友也摇到您的图片(微信 4.3 以上版本均支持),如图 7.90 所示。

7. 微信群聊营销

(1) 建群:请登录微信后选择"微信"→点击右上角的图标→选择好友后开始发起群聊即可,如图 7.91 所示。

(2) 拉人:请进入需要增加人的群里点击右上角的图标→选择需要增加的人添加即可,如图 7.92 所示。

摇一摇
人
歌曲

图7.90 摇一摇

微信
聊天
发现
通讯录
新的朋友
群聊
公众号
服务号
订阅号
A
ao-gjj
C
cj
cxw
D

图7.91 发起群聊

群聊
你可以通过群聊中的"保存到通讯录"选项，
将其保存到这里

图7.92 拉人

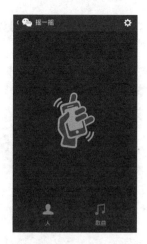

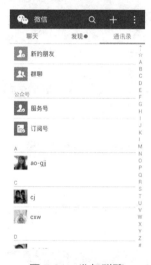

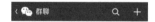

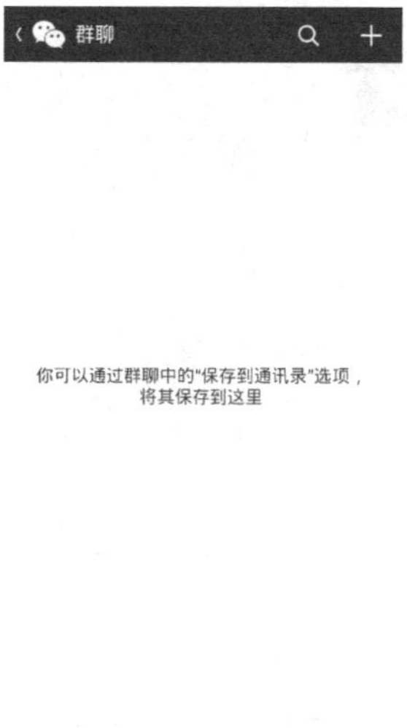

(3) 群聊发消息：选择某个群，在下方点击按钮，可以添加图片、文字、声音等信息，如图 7.93 所示。

图 7.93　群聊发消息

8. 朋友圈营销

点击朋友圈右上角"相机"按钮，选中需要添加的图片，再附上所需文字，点击"发送"按钮即可，如图 7.94 所示。

图 7.94　微信发消息

9. 微信支付

进入微信中的"我的钱包"。添加银行卡即可使用微信支付功能,如图 7.95 所示。

图 7.95 微信支付

【实训总结】

1. 总结网上营销各环节应注意的内容,写一份实训报告,不得少于 800 字。
2. 在百度中搜"某关键字"查看其竞价结果,对比分析竞价信息创意的优化。
3. 上网易申请一新邮箱,并设置 Foxmail 客户端,编辑一个漂亮的信纸模板。
4. 练习使用微信朋友圈发送营销信息。

【实训考核】

课程名称	考核单元	细化项目考核	分数分配	考核标准与评分办法	
网络营销			100		
	通用能力考核		40		
		基本素质	40	1. 自立、自律能力 2. 学习发展能力 3. 交流、表达能力 4. 团队合作能力 5. 评判、创新能力 6. 信息技术能力 7. 刻苦、耐劳能力 8. 应急应变能力	5分 5分 5分 5分 5分 5分 5分 5分
	营销实务能力		60		
		市场调查技术	20	1. 熟练运用网上开店技术 2. 信息资料的真实可靠性 3. 信息资料的准确适用性 4. 信息资料的时效性	5分 5分 5分 5分
		项目总结报告	40	1. 项目分析报告有针对性 2. 项目分析报告具有可行性 3. 观点鲜明 4. 资料翔实 5. 论证充分 6. 分析到位	10分 10分 5分 5分 5分 5分
备 注					

项目 8 EDI 模拟

【任务引入】

EDI 是英文 Electronic Data Interchange 的缩写，中文可译为"电子数据交换"，EDI 就是按照商定的协议，将商业文件标准化和格式化，并通过计算机网络，在贸易伙伴的计算机网络系统之间进行数据交换和自动处理。也称"无纸化贸易"，是信息技术向商贸领域渗透并与国际商贸实务相结合的产物。

追溯 EDI 的历史，EDI 最初是来自 EBDI(Electronic Business Document Exchange，电子商业单据交换)。其最基本的商业意义在于由计算机自动生成商业单据，如订单、发票等，然后通过电信网络传输给商业伙伴。这里的商业伙伴是指广义上的商业伙伴，它包括任何公司、政府机构及其他商业或非商业机构，只要它们与企业保持经常性的带有结构性的数据交换。EDI 的优点是：节省时间、节省费用、减少错误、减少库存、改善现金流动等。

问题：

1. EDI 的标准是什么？
2. EDI 应用系统的结构是怎样的？
3. EDI 应用系统的工作原理是什么？

【任务要求】

本项目提供两个大模块，一个是 EDI 教学园地，另一个是 EDI 应用模拟系统。EDI 教学园地主要为学生提供 EDI 相关知识，EDI 应用模拟系统主要提供 EDI 单证填写、生成、发送模拟流程，让学生了解和模拟电子数据交换过程。

本项目的主要目的如下。

(1) 了解如何申请成为 EDI 用户。
(2) 认识 EDI 应用系统的结构及工作原理。
(3) 掌握 EDI 应用系统模拟的初始化步骤，以及单证处理过程。通过应用系统模拟，初步了解贸易伙伴管理、商品信息管理、管理平台，会初步使用报文生成和处理模块、格式转换模块。

【任务实施】

任务 8.1　进行 EDI 会员注册

(1) 点击"首页/网上交易/电子数据交换(EDI)/EDI 应用模拟系统"进入 EDI 应用模拟系统界面，如图 8.1 所示。

图 8.1　EDI 应用模拟系统界面

(2) 首先点击"注册新用户"，填写注册信息并保存，如图 8.2 和图 8.3 所示。

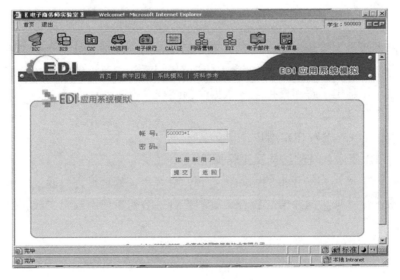

图 8.2　EDI 应用模拟系统登录界面

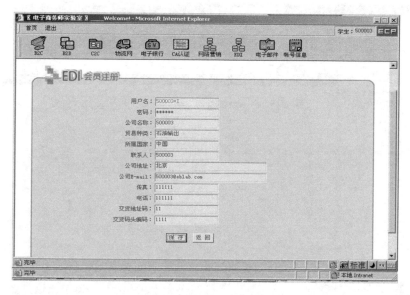

图 8.3 EDI 会员注册界面

(3) 使用已注册的账号和密码登录，进入后台界面，EDI 应用模拟系统工作流程图，如图 8.4 所示。

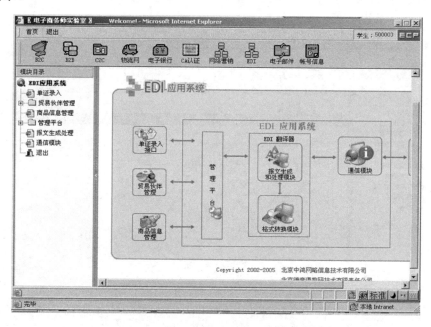

图 8.4 EDI 应用模拟系统工作流程界面

任务 8.2 添加贸易伙伴

(1) 单击图 8.4 所示界面中的"贸易伙伴管理"图标，点击"新增贸易伙伴类型"，如图 8.5 所示，输入类型名称。

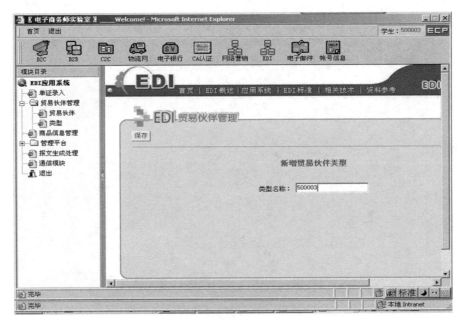

图 8.5 新增贸易伙伴类型界面

(2) 进入"贸易伙伴管理",单击"新增贸易伙伴"按钮(见图 8.6),下一步输入会员信息,如图 8.7 所示。

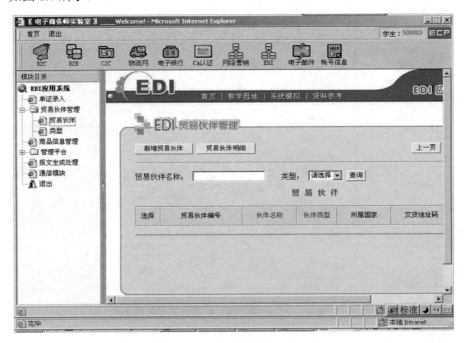

图 8.6 新增贸易伙伴界面

(3) 完成贸易伙伴添加后,点击"商品信息管理",进入后即可对贸易中的商品进行添加、删除、查询等操作。单击"添加商品信息"按钮,如图 8.8 所示。

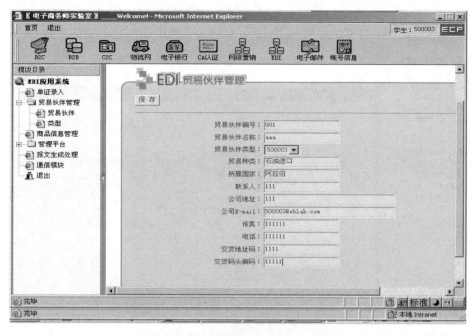

图 8.7 新增贸易伙伴详细信息界面

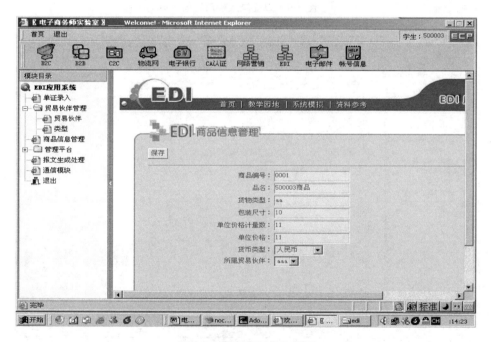

图 8.8 添加商品信息界面

任务 8.3 生成 EDI 报文并提交

(1) 单击"单证录入接口"按钮,进入该界面(见图 8.9)后即可填写"订购单证"。填写交货时间和卖主编码并添加商品,如图 8.10 所示。

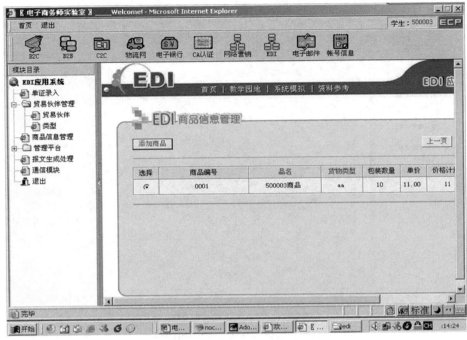

图 8.9　单证录入接口界面

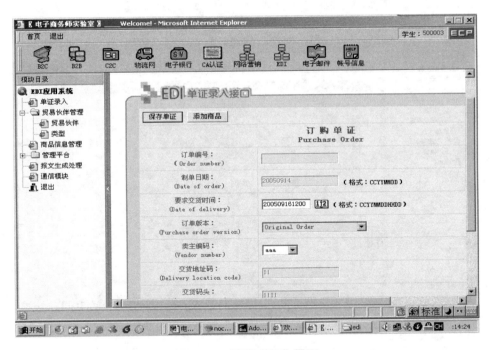

图 8.10　"订购单证"界面

(2) 完成单证录入并保存后,单证移交 EDI 应用系统处理,下一步是查看单证明细,如图 8.11 所示。

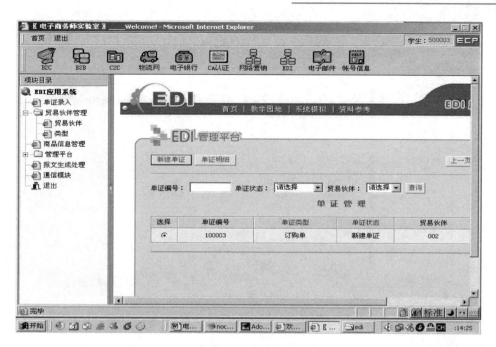

图 8.11　单证明细界面

(3) 生成平面报文：在页面上方，单击"生成平面文件"按钮，如图 8.12 所示。

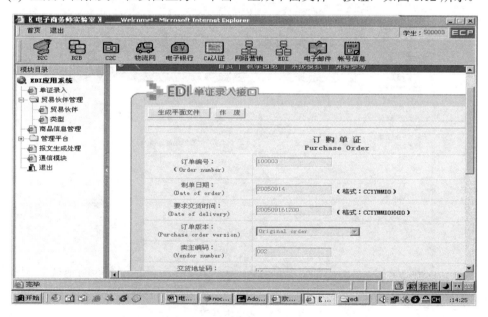

图 8.12　生成平面文件界面

(4) 平面文件翻译成原始报文，单击"生成 EDI 报文"按钮，如图 8.13 所示。

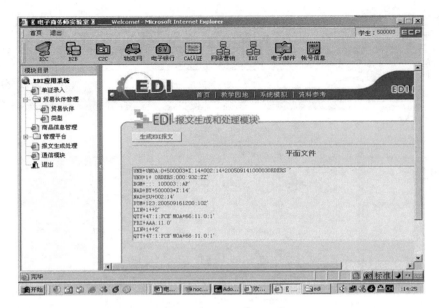

图 8.13 生成 EDI 报文界面

(5) 单击"报文发送"按钮，如图 8.14 所示，系统提示"是否立即发送"，单击"是"按钮，单击"发送"按钮，即可完成单证的传送。

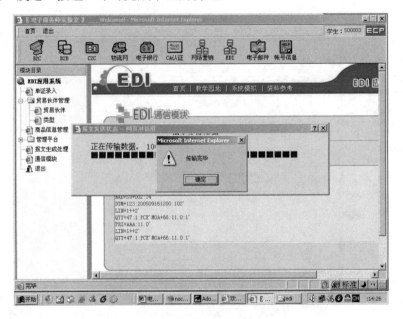

图 8.14 报文发送界面

【实训总结】

针对任务中的重点与难点问题，再次进行概括性的讲解，列举实际操作中出现的问题及解决方法，对个人和小组进行评分。

【实训考核】

1. 教师进行知识的讲授,由学生进行充分讨论和思考,通过上机进行模拟操作,根据案例模拟了 EDI 模拟软件的使用:单证的录入、转换、发送;贸易伙伴管理;商品信息管理等模块操作,指导教师进行批改,并给出考核成绩。

2. 要求每个学生至少完成一笔交易的全过程,且交易过程中的每个环节要留下记录,即要完成能反映整个交易制单等业务实施过程,并发送报文。总结 EDI 模拟应用系统各环节应注意的内容,写一份实训报告,不得少于 800 字。

项目 9　互联网应用

【任务引入】

移动互联网媒体快速发展

由于移动智能终端产品的普及，2014 年将是移动互联网媒体快速发展的一年。工信部发布 2013 年上半年国内移动互联网用户新增 5 000 多万，用户规模达到 8.2 亿，其中手机用户渗透率近七成。同时，国内门户网站也纷纷部署移动互联网业务，其中搜狐、网易、腾讯三家新闻客户端先后宣布用户数破亿。

2014 年，各大移动新闻客户端将进行资源整合，与微博、微信、社交网站、视频等全面打通，同时，各大科技媒体会根据自身特点打造拥有自身特色的相关产品，进而实现差异化竞争。

重点提示：

1. 传统媒体加速转型

2014 年传统媒体将调整发展步伐向新媒体正式转型。近几年，一些新闻突发事件及社会热点问题，新媒体的整体优势再次凸显，2013 年是以智能移动终端为特征的移动新媒体年份，智能化时代的发展更是让传统媒体的衰亡雪上加霜，新媒体的强势表现促使传统媒体在 2014 年加速变革转型。

2. 移动终端入口、互联网争夺战将加剧

在过去的一年里，各互联网科技巨头企业上演了争夺战。从百度收购 91 无线到腾讯入股搜狗，从阿里巴巴投资新浪微博、高德地图到浙报传媒收购盛大边锋浩方。

2014 年，中国的移动终端领域和互联网在即时通信、应用商店、客户端应用、移动搜索、浏览器、安全软件、手机厂商等产品的争夺战将加剧。在经济社会高速发展的今天，朋友和敌人都不是固定不变的，它们会因为自身的利益而改变。之前是相互竞争的敌人可能因为利益而走在一起合作，也可能因为自身利益从合作者变为竞争敌人。

3. 4G 时代加大运营商和移动软件的竞争

2013 年 12 月 4 日，国家工业和信息化部正式向中国移动、中国联通、中国电信颁发了三张 TD-LTE 制式的 4G 牌照，牌照的颁发意味着中国正式进入 4G 时代。4G 牌照的正式发放，打破了十几年里移动、联通、电信三足鼎立的竞争格局，牌照的发放将优化运营商的竞争，使消费者更加受益，同时，从另一角度来讲，这也将是中国通信行业具有里程碑意义的一件大事，2014 年民营资本虚拟运营商在 4G 市场上的战略如何也值得我们期待。

(中国电子商务研究中心讯)

问题：
1. 移动互联网发展有哪些新特点？
2. 互联网争夺战为何加剧？
3. 4G 时代的特点是什么？

【任务要求】

通过在真实平台上练习，能独立运用相关软件进行互联网基本操作，以及下载、压缩软件等辅助操作，以此提高对互联网操作和应用的能力。
- 了解 IE 浏览器的使用。
- 了解如何使用压缩软件进行文件压缩。
- 了解如何使用文件传输软件 FTP。
- 熟悉下载工具的使用。

【任务实施】

任务 9.1　IE 浏览器的应用

1. IE 浏览器及收藏夹使用

(1) 双击"IE 浏览器"图标，打开 IE 浏览器，如图 9.1 所示。

图 9.1　打开 IE 浏览器

(2) 在地址栏中输入网站域名，打开相对应的网页，如图 9.2 所示。

图 9.2　打开网页

(3) 右键单击网页，在弹出的快捷菜单中，选择"添加到收藏夹"命令，如图 9.3 所示，这样网页收藏成功。

图 9.3　添加到收藏夹

(4) 单击 IE 浏览器工具栏或选择菜单栏中的"收藏夹"命令，可以查看收藏夹的详细情况，如图 9.4 所示。

项目 9　互联网应用

图 9.4　查看收藏夹

(5) 选择菜单栏中的"收藏夹"下的"整理收藏夹"命令，如图 9.5 所示，可以对收藏夹进行整理。

图 9.5　整理收藏夹

(6) 在弹出的"整理收藏夹"对话框(见图 9.6)中，对收藏夹中收藏的网站进行移动、删除等相关操作。

图 9.6 收藏夹操作

2. 保存网页

(1) 使用浏览器打开网页,如图 9.7 所示。

图 9.7 打开网页

(2) 右键单击网页,在弹出的快捷菜单中选择"网页另存为"命令,如图 9.8 所示。

项目9 互联网应用

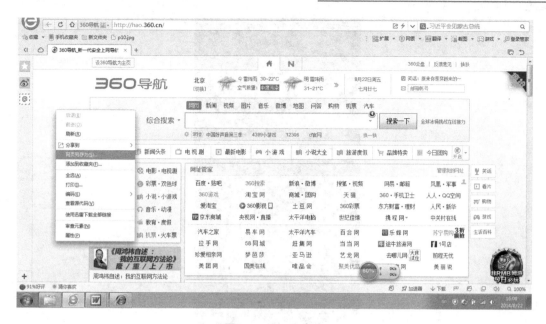

图9.8 网页另存为

(3) 在弹出的"另存为"对话框中选择所要保存的位置和格式,单击"保存"按钮,如图9.9所示。

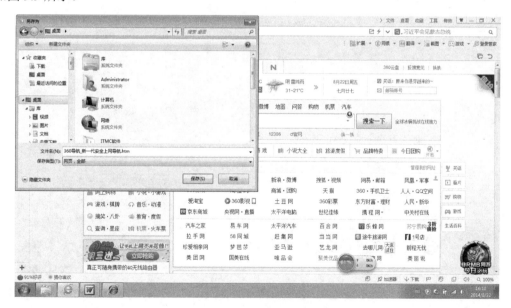

图9.9 选择保存项

(4) 找到网页保存的位置,如图9.10所示,双击图标,打开网页。

图 9.10　打开保存的网页

(5) 查看保存的网页，如图 9.11 所示。

图 9.11　查看已保存网页

任务 9.2　压缩软件 WinRAR 的使用

(1) 双击 WinRAR 安装文件，如图 9.12 所示。

项目 9　互联网应用

图 9.12　WinRAR 安装文件

(2) 选择安装位置后，单击"安装"按钮，如图 9.13 所示。

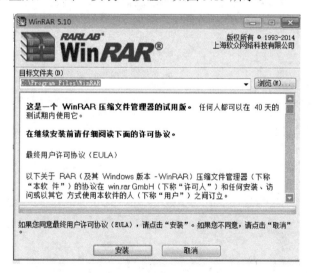

图 9.13　WinRAR 安装过程

(3) 打开 WinRAR，如图 9.14 所示。

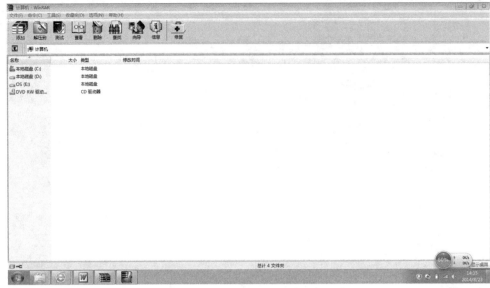

图 9.14　打开 WinRAR

(4) 用鼠标右键单击要压缩的文件,在弹出的快捷菜单中选择"添加到压缩文件"命令,如图 9.15 所示。

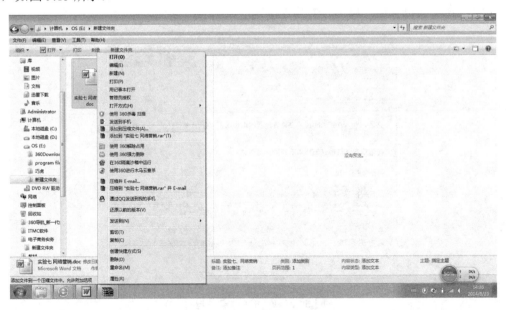

图 9.15　使用 WinRAR 压缩文件

(5) 用鼠标右键单击要解压缩的文件,在弹出的快捷菜单中,选择"解压文件"命令,如图 9.16 所示。

项目9 互联网应用

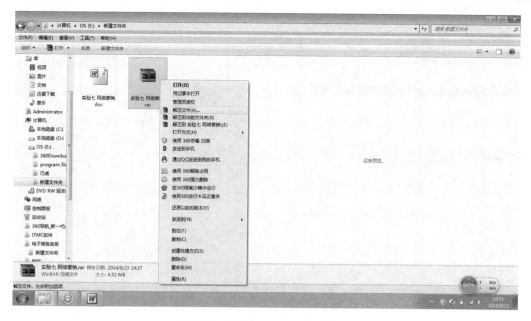

图 9.16 使用 WinRAR 解压文件

(6) 选择解压缩的路径和选项，如图 9.17 所示。

图 9.17 选择解压缩路径和选项

(7) 解压缩后的文件如图 9.18 所示。

图 9.18 解压缩后的文件

(8) 使用 WinRAR 查找压缩文件，如图 9.19 所示。

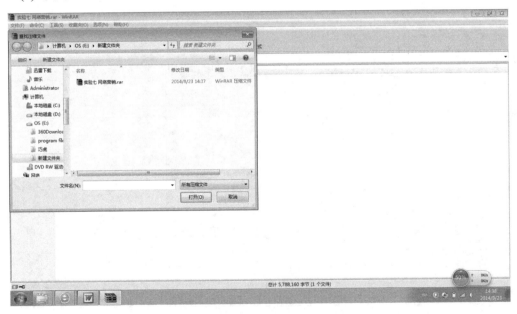

图 9.19 使用 WinRAR 查找压缩文件

任务 9.3　文件传输软件

使用文件传输软件(FTP)能实现计算机之间的文件传输。使用 FTP 时，用户无须关心对方计算机的位置，以及使用的文件系统。FTP 使用 TCP 连接和 TCP 端口；在进行通信时，

FTP 需要建立两个 TCP 连接，一个用于控制信息(如命令和响应，TCP 端口号默认值为 21)，另一个是数据信息(端口号默认值为 20)的传输。

使用 FTP 命令时，要求用户在两台计算机上都有自己的(或者可用的)账号。相关操作包括以下几项。

1. 登录主机

(1) 接入 Internet。

(2) 在 MSDOS 环境下或执行"开始"→"运行"命令，输入命令：ftp <远程主机名>按 Enter 键。远程主机名称采用域名或 IP 形式，如图 9.20 所示。

(3) 按提示输入用户名和密码，如果主机允许也可采取匿名登录。

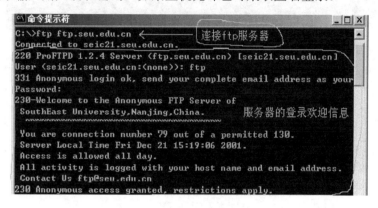

图 9.20 登录成功的信息提示

2. 显示信息

(1) 成功登录主机。

(2) 输入命令：ls <远程主机名>，按 Enter 键，如图 9.21 所示。

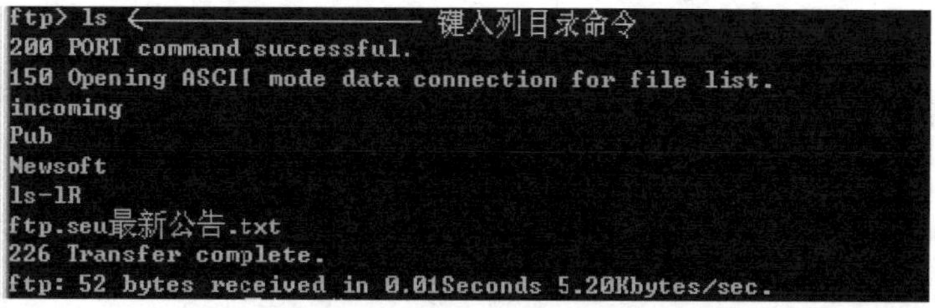

图 9.21 显示远程主机 gzk 目录中的文件信息

3. 下载文件

(1) 成功登录主机。

(2) 输入命令：ftp> get<源文件名> <目的文件名>，按 Enter 键，如图 9.22 所示。

4. 上传文件

(1) 成功登录主机。

(2) 输入命令：ftp> put<源文件名> <目的文件名>，按 Enter 键。

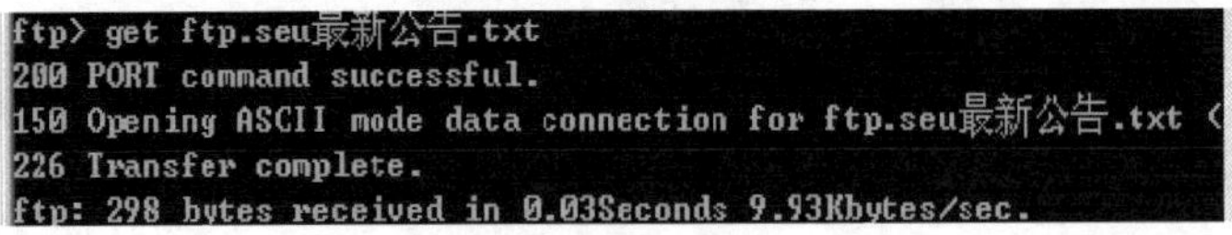

图 9.22　下载文件的信息

5. 退出

使用 quit 命令退出 FTP 状态，格式为：ftp>quit，如图 9.23 所示。

图 9.23　退出登录的信息

任务 9.4　下载工具操作

在浏览网页时，如果浏览到需要下载的软件链接时，可以右键单击，在弹出的快捷菜单中，选择"目标另存为"命令，进行本地下载，也可以使用下载软件进行下载。目前常用的下载工具有很多，如 FlashGet、NetAnts 等，都具有断点续传的功能，使用方便。此类软件功能相近，下面以迅雷为例，说明其使用步骤。

(1) 在链接文件上右击，在弹出的快捷菜单中，选择"使用迅雷下载"或"使用迅雷下载全部链接"命令，如图 9.24 所示。

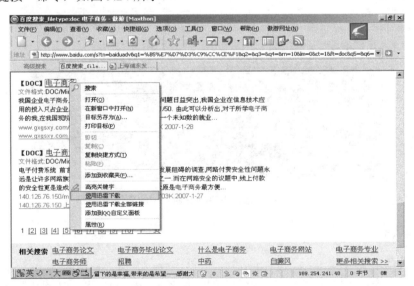

图 9.24　使用迅雷链接文件

(2) 建立新的下载任务界面，设定文件的存储目录和文件存储名称，单击"确定"按钮，如图 9.25 所示。

(3) 在迅雷工作界面，可以查看文件下载进度和迅雷工作情况，如图 9.26 所示。
(4) 文件下载完毕，双击文件即可查看，如图 9.27 所示。

图 9.25　下载任务设置

图 9.26　文件下载中

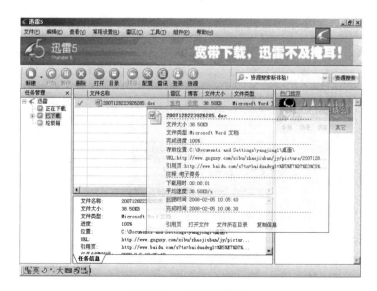

图 9.27　文件下载完毕

任务 9.5　使用 BBS 收集发布信息

BBS 即电子公告板系统，是 Bulletin Board System 的英文缩写。BBS 与一般街头和校园内的公布栏性质相同，只不过 BBS 是通过计算机来获取资料、交流信息和寻求帮助的。它实际上是在分布式信息处理系统中，在网络的某台计算机中设置的一个公用信息存储区，任何合法用户都可以通过通信线路(Internet 或局域网)在这个存储区存取信息。BBS 作为某个专业组群的信息源和消息交换服务机构的网络计算机系统，起到了电子信息的周转中心作用。

1. 收集信息

(1) 启动 IE 浏览器，输入 URL 地址，按 Enter 键，进入网站首页。
(2) 在首页输入账户、密码登录，如图 9.28 所示。

图 9.28　BBS 登录页面

(3) 可以在首页直接选择感兴趣的讨论区，也可利用搜索功能查找所需信息，如图 9.29 所示。

图 9.29　分类查找信息

(4) 在搜索结果的列表中，选择感兴趣的标题，如图 9.30 所示。

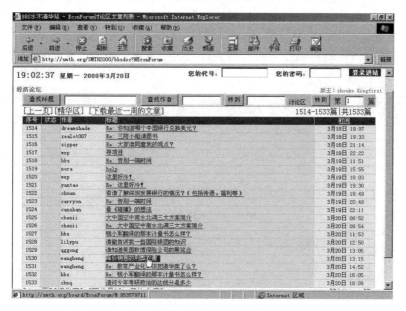

图 9.30　搜索结果列表

(5) 单击对应文章链接，进行详细浏览，如图 9.31 所示。

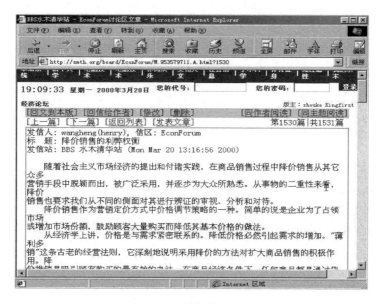

图 9.31　浏览详细信息

2．发布信息

(1) 登录 BBS 网站首页。

(2) 点击感兴趣的链接，浏览该篇文章。

(3) 在这里用户还可以通过点击"回信给作者"链接，在弹出的网页中给作者回信，这样就可以与作者直接进行讨论。只有作者和版主才可以有权删除和修改文章。注册的用户可以点击"发表文章"链接，在随后出现的网页中发表自己的意见，提交给大家一起讨论。如图 9.32 所示，在出现的表单中一次填写用户名、密码、文章主题以及文章的正文，最后单击"发表"按钮就可以将文章发送到讨论区了。对于没有注册账户的用户，目前只支持浏览。

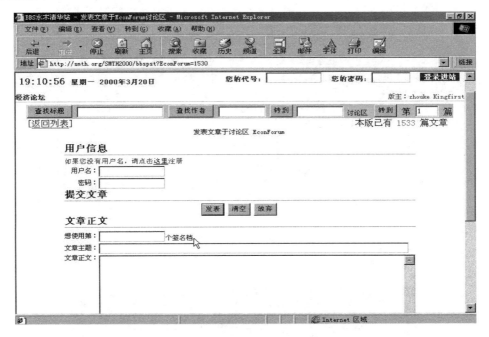

图 9.32　BBS 信息发布页面

【实训总结】

1. 练习 IE 浏览器的使用，并收藏百度首页。
2. 练习使用压缩软件，进行文件压缩和解压缩的练习。
3. 练习使用其他下载软件，进行文件下载。
4. 登录天涯社区 www.tianya.cn，发布一篇帖子并查看。

【实训考核】

课程名称	考核单元	细化项目考核	分数分配	考核标准与评分办法	
互联网应用			100		
	通用能力考核		40		
		基本素质	40	1. 自立、自律能力	5分
				2. 学习发展能力	5分
				3. 交流、表达能力	5分
				4. 团队合作能力	5分
				5. 评判、创新能力	5分
				6. 信息技术能力	5分
				7. 刻苦、耐劳能力	5分
				8. 应急应变能力	5分
	互联网应用能力		60		
		市场调查技术	20	1. 熟练运用网上开店技术	5分
				2. 信息资料的真实可靠性	5分
				3. 信息资料的准确适用性	5分
				4. 信息资料的时效性	5分
		项目总结报告	40	1. 项目分析报告有针对性	10分
				2. 项目分析报告具有可行性	10分
				3. 观点鲜明	5分
				4. 资料翔实	5分
				5. 论证充分	5分
				6. 分析到位	5分
备注					

项目 10　电子商务安全

【任务引入】

黑客热衷攻击重点目标

国外几年前就曾经发生过电子商务网站被黑客入侵的案例，国内的电子商务网站近两年也发生过类似事件。浙江义乌一些大型批发网站曾经遭到黑客近一个月的轮番攻击，网站图片几乎都不能显示，每天流失订单金额达上百万元。阿里巴巴网站也曾受到不明身份的网络黑客攻击，这些黑客采取多种手段攻击了阿里巴巴在我国大陆和美国的服务器，企图破坏阿里巴巴全球速卖通在线交易平台的正常运营。随着国内移动互联网的发展，移动电子商务也将迅速发展并给人们带来更大便利，但是由此也将带来更多的安全隐患。黑客针对无线网络的窃听能获取用户的通信内容、侵犯用户的隐私权。

总结：黑客攻击可以是多层次、多方面、多种形式的。攻击电子商务平台，黑客可以轻松赚取巨大的、实实在在的经济利益。比如：窃取某个电子商务企业的用户资料，贩卖用户的个人信息；破解用户个人账号密码，可以冒充他人购物，并把商品货物发给自己。黑客有可能受经济利益驱使，也有可能是同业者暗箱操作打击竞争对手。攻击电子商务企业后台系统的往往是专业的黑客团队，要想防范其入侵，难度颇大。尤其是对于一些中小型电子商务网站而言，比如数量庞大的团购网站，对抗黑客入侵更是有些力不从心。如果大量电子商务企业后台系统的安全得不到保障，我国整个电子商务的发展也将面临极大威胁。

问题：

1. 电子商务网站面临的安全问题有哪些？
2. 如何建立电子商务安全防护体系？
3. 抵御安全问题的方法有哪些？

【任务要求】

- 了解杀毒软件及防火墙的功能。
- 掌握杀毒软件的使用方法。
- 掌握防火墙的使用方法及配置。
- 了解什么是钓鱼网站。
- 了解 ARP 攻击的原理。

【任务实施】

任务 10.1　新毒霸杀毒软件

10.1.1　对计算机内存进行病毒和木马扫描

(1) 打开新毒霸，单击"电脑杀毒"按钮，进入查杀界面，如图 10.1 所示。

图 10.1　查杀界面

(2) 点击查杀界面的"指定位置查杀"，可对计算机的关键位置进行扫描，如图 10.2 所示。

图 10.2　指定位置查杀

(3) 单击"电脑杀毒"按钮,之后再单击"防黑查杀"按钮,可以快速检测并修补系统中容易被黑客利用的各种漏洞,将黑客拒之门外,如图 10.3 所示。

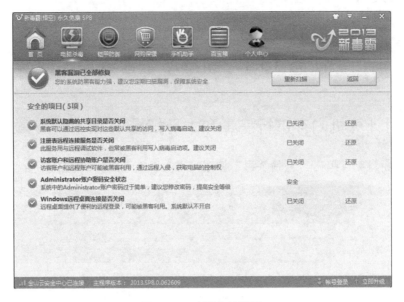

图 10.3　防黑查杀界面

10.1.2　在线升级

(1) 单击"立即升级"按钮,可进行软件升级,不需要用户自己去设置就可以完成全部的升级过程,如图 10.4 所示。

图 10.4　在线升级

(2) 对于需要通过代理服务器来升级的用户;需要从本地、局域网升级的用户;需要查询通行证服务时间和需要选择升级文件来进行升级的用户，单击"自定义升级"按钮，如图 10.5 所示。

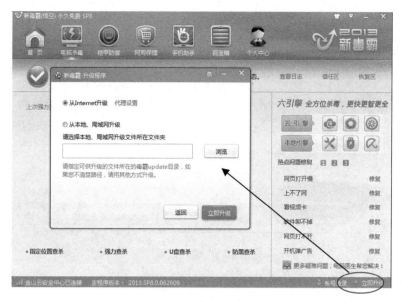

图 10.5　在线升级设置

10.1.3　查看日志、信任区和恢复区

(1) 查看日志：记录查杀日志，方便用户查看自己的查杀历史情况，如图 10.6 所示。

图 10.6　查杀日志

(2) 信任区：管理设置的信任文件，如果查杀误报了用户的程序，可以在此添加信任，如图 10.7 所示。

图 10.7 信任设置

(3) 恢复区：查看被病毒处理过的文件，可恢复和彻底删除文件，如图 10.8 所示。

图 10.8 恢复区界面

任务 10.2 天网防火墙系统的配置与使用

10.2.1 主菜单

天网防火墙的主菜单(如图 10.9 所示)，左侧分别为应用程序规则、IP 规则管理和系统设置，中间为安全级别菜单，右侧分别为应用程序网络使用情况、日志和接通/断开网络菜单。

图 10.9　天网防火墙主菜单

10.2.2　IP 规则设置

IP 规则的设置是对主机中每一个发送和传输的数据包进行控制，天网防火墙的 IP 安全规则的设置如图 10.10 所示。

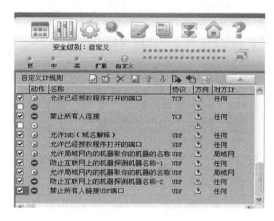

图 10.10　IP 规则的设置

如果用户有特定需求，就需要对 IP 安全规则进行调整和修改。例如，要添加一条禁止 192.168.1.2 主机连接本地计算机 IP 服务器的安全规则，则可以单击如图 10.10 所示的"修改规则"按钮，弹出如图 10.11 所示的增加 IP 规则界面。

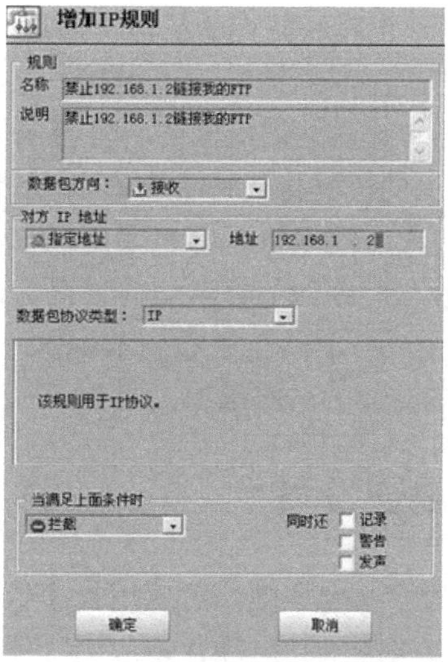

图 10.11　增加 IP 规则界面

实际上，默认的 IP 安全规则中已经包含了这条规则，选中图 10.10 中"禁止所有人链接低端端口"规则，单击"修改规则"按钮，弹出如图 10.12 所示的修改 IP 规则界面。这条规则将禁止所有链接低端端口的数据包，设定的端口范围为 1~512，所以包含了 FTP 的 21 端口。

图 10.12 "禁止所有人链接低端端口"规则

10.2.3 安全级别

天网防火墙个人版的默认安全级别分为低、中、高 3 个等级，默认的安全等级为中级，其中各等级的安全设置说明如下。

(1) 低级：所有应用程序初次访问网络时都将询问，已经被认可的程序则按照设置的相应规则运作。计算机将完全信任局域网，允许局域网内部的机器访问自己提供的各种服务(文件、打印机共享服务)，但禁止互联网上的机器访问这些服务。

(2) 中级：所有应用程序初次访问网络时都将询问，已经被认可的程序则按照设置的相应规则运作。禁止局域网内部和互联网的机器访问自己提供的网络共享服务(文件、打印机共享服务)，局域网和互联网上的机器将无法看到本机器。

(3) 高级：所有应用程序初次访问网络时都将询问，已经被认可的程序则按照设置的相应规则运作。禁止局域网内部和互联网的机器访问自己提供的网络共享服务(文件、打印机共享服务)，局域网和互联网上的机器将无法看到本机器。除了是由已经被认可的程序打开的端口，系统会屏蔽掉向外部开放的所有端口。

10.2.4 应用程序安全规则设置

天网防火墙可以设置应用程序安全规则，对应用程序数据包进行底层分析和拦截，决定是否拦截此应用程序的网络连接请求。对于任何应用程序的发送和接收数据包的行为，天网防火墙都会截获，并弹出报警窗口。

例如，启动黑客经常使用的 tftpd32 程序，查看防火墙的反应。启动 tftpd32 程序后天网防火墙弹出如图 10.13 所示的报警界面，提示 tftpd32 通过 UDP 协议的 69 端口发起网络连接。

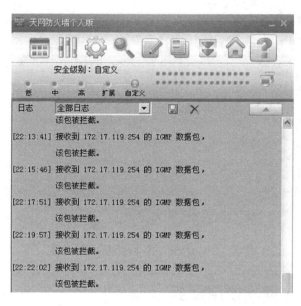

图 10.13　对应用程序网络连接请求的报警界面

通过单击图 10.14 所示界面中的"选项"，可以对 tftpd32 的安全规则进行高级设置，如图 10.15 所示。设置应用程序可以使用的协议，设置端口过滤，并规定符合设置条件时防火墙所做的操作等。

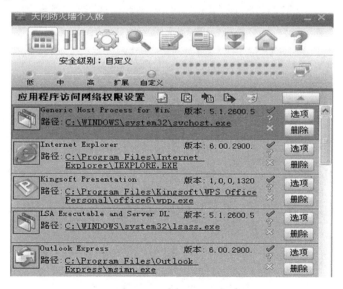

图 10.14　应用程序访问网络权限设置列表

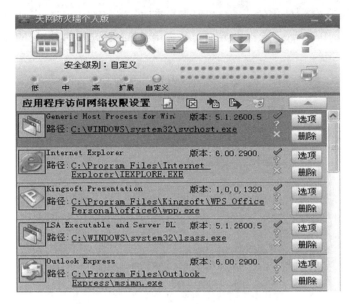

图 10.15 应用程序安全规则的高级设置

10.2.5 应用程序网络使用情况

接着上面的实验查看 tftpd32 应用程序的网络状态，用户可以单击"应用程序网络使用情况"，会打开如图 10.16 所示的界面。可以看到 tftpd32 程序所使用的协议，监听的端口 69、514 和 67 以及此程序所在的目录。

图 10.16 应用程序的网络状态

任务 10.3　ActiveX 插件的使用与管理

ActiveX 插件让网页内容变得更加丰富，如用户可以在 IE 浏览器中播放 Flash 动画、在线观看影片、在线杀毒等。ActiveX 插件技术将程序本身和 IE 浏览器融为一体，扩展了 IE 的功能，常见的 3721 网络助手、百度搜索伴侣等就是依靠这项技术。

但安装过多的 ActiveX 插件会消耗太多的资源，造成系统运行不稳定，更为不利的是，病毒和木马也瞄准了 ActiveX 插件，因此很容易在浏览网页时感染病毒和木马。

10.3.1　屏蔽无用插件

（1）首先使用 IE 浏览器访问需要安装 ActiveX 插件的页面，比如微软的 Windows Update 站点、带有 Flash 的站点等，在提示安装 ActiveX 时单击"是"按钮进行安装。

（2）所有的 ActiveX 都安装完毕后，在 IE 浏览器中选择"工具"→"Internet 选项"命令，在打开的对话框中，选择"安全"选项卡，单击"自定义级别"按钮，在弹出的"安全设置-Internet 区域"对话框中将"下载未签名的 ActiveX 控件"和"下载已签名的 ActiveX 控件"两项都设置为"禁用"，如图 10.17 所示。

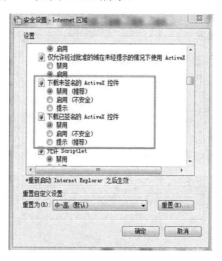

图 10.17　ActiveX 控件安全设置

10.3.2　管理已存在的插件

IE 浏览器中内置了 ActiveX 插件管理功能，利用它可以对已存在的插件进行管理。在 IE 浏览器中选择"工具"→"管理加载项"命令，弹出"管理加载项"设置对话框，在"显示"下拉列表框中选择"Internet Explorer 已经使用的加载项"选项，这样就在列表框中显示出所有系统已存在的 ActiveX 插件，如图 10.18 所示。

想禁用某个 ActiveX 插件非常简单，在列表框中选中该 ActiveX 插件，然后选中下方"设置"栏中的"禁用"单选按钮，最后单击"确定"按钮即可。

图 10.18　管理加载项

任务 10.4　360 保险箱

360 保险箱是一款国内完全免费的防盗号软件，采用全新的主动防御技术，对盗号木马进行层层拦截，阻止盗号木马对网游、聊天等程序的侵入，帮助用户保护网游账号、聊天账号、网银账号、炒股账号等。防止由于账号丢失导致的虚拟资产和真实资产受到损失。即使用户的计算机里存在盗号木马，当其进行盗号行为时，360 保险箱能够对其拦截，给用户一个安全的游戏环境和上网环境。

10.4.1　360 保险箱主界面

360 保险箱软件的主界面如图 10.19 所示。

图 10.19　360 保险箱主界面

10.4.2　360 保险箱的特色功能

360 保险箱采用全新的主动防御技术，对盗号木马进行层层拦截，阻止盗号木马对网游、聊天等程序的侵入，帮助用户保护网游账号、聊天账号、网银账号、炒股账号等。防止由于账号丢失导致的虚拟资产和真实资产受到损失。

1. 账号保护——全方位护卫用户的登录账号及密码

用户可以单击 360 保险箱账号保护窗口中的"添加保护对象"按钮，加入一个新的对象进行保护。而成功加入到 360 保险箱中的应用程序每次启动时，都会经过 360 保险箱的快速安全扫描。当然，如果不想让 360 保险箱对它进行保护的话，只需将其从保险箱列表中删除即可(见图 10.20)。

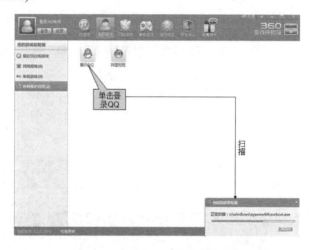

图 10.20　扫描 QQ 程序安全启动

另外，360 保险箱默认提供了多款流行的网页游戏及多家主流网络银行列表供用户选择加入。如果用户需要保护的应用程序不在上述的列表中，用户可以选择"添加其他"选项卡，将本机中的其他应用程序或者某个网址加入其中进行保护(见图 10.21、图 10.22)。

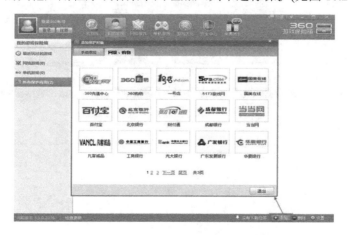

图 10.21　360 保险箱之网银、网购列表

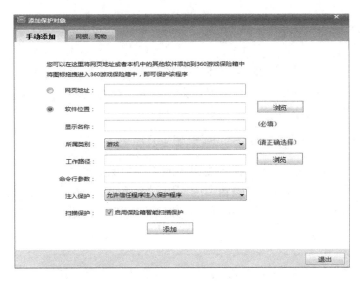

图 10.22　360 保险箱添加其他应用对象

2. 网游宝库——游戏爱好者的天堂

360 保险箱不仅仅是一款账号保护工具，还提供了多款好玩的网页游戏供用户下载，如图 10.23 和图 10.24 所示。

图 10.23　360 保险箱之单机游戏

项目 10　电子商务安全

图 10.24　360 保险箱之网络游戏

10.4.3　360 保险箱的功能设置

用户还可以通过 360 保险箱的设置功能，对其进行常规、高级、放行列表及拦截列表、下载安装设置等五个方面的相关设置。

(1) 在常规设置中，用户可以设置系统随机运行，使用免打搅模式及仅从保险箱启动时才保护等选项，如图 10.25 所示。

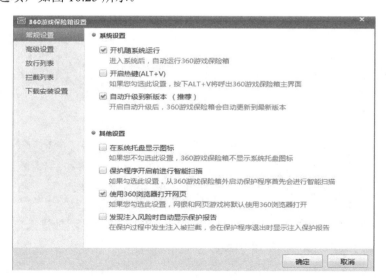

图 10.25　360 保险箱的常规设置

(2) 在高级设置中，用户可以设置自动云查杀功能、加入用户体验改进计划、开启智能免打扰模式等选项，如图 10.26 所示。

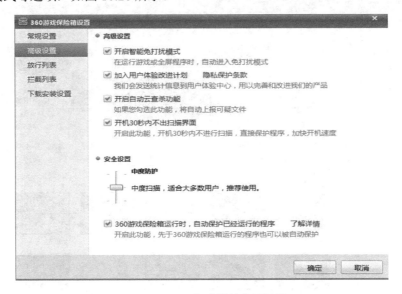

图 10.26　360 保险箱的高级设置

(3) 在放行列表中，用户可以将认为安全的 exe 或者 dll 文件添加进来，保险箱就不会阻止其对保护程序的操作，如图 10.27 所示。

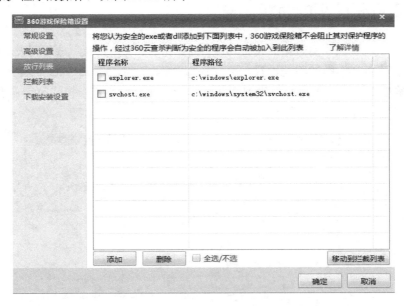

图 10.27　360 保险箱的放行列表设置

(4) 在拦截列表中，用户可以将认为危险的 exe 或者 dll 文件添加进来，保险箱就会阻止其对保护对象的操作，如图 10.28 所示。

项目 10　电子商务安全

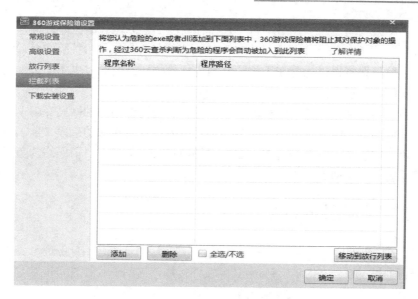

图 10.28　360 保险箱的拦截列表设置

(5) 在下载安装设置中，用户可以设置游戏保存目录、游戏安装目录等选项，如图 10.29 所示。

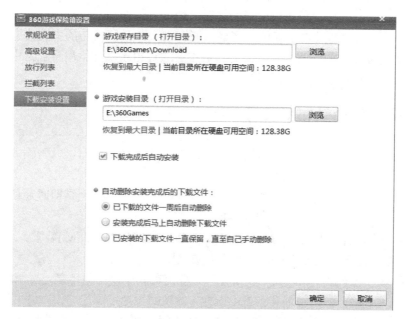

图 10.29　360 保险箱的下载安装设置

任务 10.5　防钓鱼网站

众所周知，网购虽然方便、快捷，但它不像线下购物可以当面一手交钱一手交货，消费者网上购物大多只有付了钱才可以收到商品，而且在网上交易的过程中还存在一些安全隐患，比如"网络钓鱼"。"网络钓鱼"是一种新型的互联网诈骗犯罪行为，骗子通常会通过QQ、MSN或者SNS等渠道发送一些"高仿真模仿"淘宝、拍拍等知名购物网站的虚假页面链接，使消费者误以为是在正规的网站进行购物，继而通过电子支付渠道将自己的钱款汇入骗子的银行账户。

由于目前"钓鱼网站"的伪装极为高明，使一些警惕性不高的网民受骗上当，造成经济损失。"钓鱼网站"通常采取与正常域名和网站内容非常相似的手段来欺骗消费者，盗取姓名、手机号、通信地址、银行账号和密码等用户私密信息，目前网络钓鱼已成为仅次于木马的网络安全新威胁。

10.5.1 防钓鱼网站的方法

(1) 不要把自己的隐私资料通过网络传输，包括银行卡号码、身份证号、电子商务网站账户等资料通过QQ、MSN、E-mail等软件传播，这些途径往往可能被黑客利用进行诈骗。

(2) 不要相信网上流传的消息，除非得到权威途径的证明。如网络论坛、新闻组、聊天工具等往往有人发布谣言和链接，伺机窃取用户的身份资料，账户信息等。

(3) 如果涉及金钱交易、商业合同、工作安排等重大事项，不要仅仅通过网络完成，有些骗子们可能通过这些途径了解用户的资料，伺机进行诈骗。

(4) 不要轻易相信通过电子邮件、网络论坛、聊天工具等发布的中奖信息、促销信息等，除非得到另外途径的证明。正规公司一般不会通过电子邮件给用户发送中奖信息和促销信息，而骗子们往往喜欢这样进行诈骗。

10.5.2 个人用户防范的建议

(1) 提高警惕，不登录不熟悉的网站，输入网站地址时要核对，以防输入错误误入狼窝，细心一些就可以发现一些破绽。

(2) 不要打开陌生人的电子邮件，更不要轻信他人说教，特别是即时通信工具上传来的消息，很有可能是发送钓鱼网站或病毒的。

(3) 安装杀毒软件并及时升级病毒知识库和操作系统(如Windows)补丁。

(4) 将敏感信息输入隐私保护，打开个人防火墙。

(5) 收到不明电子邮件和聊天工具信息时不要点击其中的任何链接。登录银行网站前，要留意浏览器地址栏，如果网址和官方不一样，发现网页地址不能修改，最小化IE窗口后仍可看到浮在桌面上的网页地址等现象，请立即关闭IE窗口，以免账号密码被盗。

10.5.3 企业用户防范的建议

(1) 安装杀毒软件和防火墙。

(2) 加强计算机安全管理，及时更新杀毒软件，升级操作系统补丁。

(3) 增强员工安全意识，及时培训网络安全知识。

(4) 一旦发现有害网络，要及时在防火墙中屏蔽它。

(5) 为避免被"网络钓鱼"冒名，最重要的是加大制作网站的难度。具体办法包括："不使用弹出式广告"、"不隐藏地址栏"、"不使用框架"等。这些防范措施是必不可少的，因为一旦网站名称被"网络钓鱼"者利用，企业也会被卷进去，所以应该在其泛滥前做好防范准备。

任务 10.6　ARP 攻击

10.6.1　ARP 协议

ARP(Address Resolution Protocol，地址解析协议)是一个位于 TCP/IP 协议栈中的低层协议，负责将某个 IP 地址解析成对应的 MAC 地址。在局域网中，网络中实际传输的是"帧"，帧里面是有目标主机的 MAC 地址的。当一个基于 TCP/IP 的应用程序需要从一台主机发送数据给另一台主机时，它把信息分割并封装成包，附上目的主机的 IP 地址。但是以太网设备并不识别 32 位 IP 地址，它们是以 48 位以太网地址传输以太网数据包。因此，必须把 IP 目的地址转换成以太网目的地址。如何将 IP 目的地址转换成以太网目的地址呢？地址解析协议(ARP)就是用于实现这一目的。通过发送 ARP 广播消息，寻找 IP 地址到实际 MAC 地址的映射，当 ARP 找到了目的主机 MAC 地址后，就可以形成待发送帧的完整以太网帧头。最后，协议栈将 IP 包封装到以太网帧中进行传送。

10.6.2　攻击原理

ARP 攻击就是通过伪造 IP 地址和 MAC 地址实现 ARP 欺骗，能够在网络中产生大量的 ARP 通信量使网络阻塞，攻击者只要持续不断地发出伪造的 ARP 响应包就能更改目标主机 ARP 缓存中的 IP-MAC 条目，造成网络中断或中间人攻击。

ARP 攻击主要是存在于局域网网络中，局域网中若有一台计算机感染 ARP 木马，则感染该 ARP 木马的系统将会试图通过"ARP 欺骗"手段截获所在网络内其他计算机的通信信息，并因此造成网内其他计算机的通信故障。

某机器 A 要向主机 B 发送报文，会查询本地的 ARP 缓存表，找到 B 的 IP 地址对应的 MAC 地址后，就会进行数据传输。如果未找到，则 A 广播一个 ARP 请求报文(携带主机 A 的 IP 地址 Ia——物理地址 Pa)，请求 IP 地址为 Ib 的主机 B 回答物理地址 Pb。网上所有主机包括 B 都收到 ARP 请求，但只有主机 B 识别自己的 IP 地址，于是向 A 主机发回一个 ARP 响应报文。其中就包含有 B 的 MAC 地址，A 接收到 B 的应答后，就会更新本地的 ARP 缓存。接着使用这个 MAC 地址发送数据(由网卡附加 MAC 地址)，见图 10.30。因此，本地高速缓存的这个 ARP 表是本地网络流通的基础，而且这个缓存是动态的(见图 10.31)。

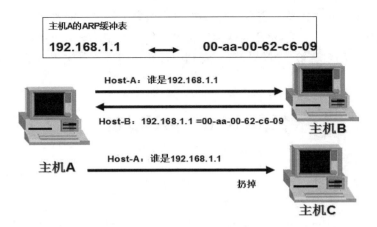

图 10.30　ARP 工作过程

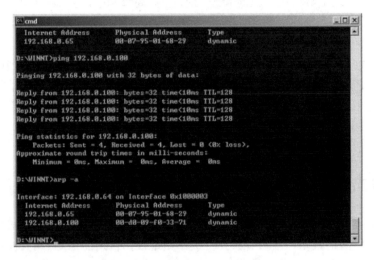

图 10.31　显示高速 cache 中的 ARP 表

10.6.3　攻击演化

1. 初期：ARP 欺骗

这种有目的地发布错误 ARP 广播包的行为，被称为 ARP 欺骗。ARP 欺骗，最初为黑客所用，成为黑客窃取网络数据的主要手段。黑客通过发布错误的 ARP 广播包，阻断正常通信，并将自己所用的计算机伪装成别人的计算机，这样原本发往其他计算机的数据，就发到了黑客的计算机上，达到窃取数据的目的。

2. 中期：ARP 恶意攻击

后来，有人利用这一原理，制作了一些所谓的"管理软件"，例如网络剪刀手、执法官、终结者等，这就导致了 ARP 恶意攻击的泛滥。往往使用这种软件的人，以恶意破坏为目的，多是为了让别人断线，逞一时之快。

特别是在网吧中,或者因为商业竞争的目的,或者因为个人无聊泄愤,造成恶意ARP攻击泛滥。

随着网吧经营者禁用这些特定软件的方法,这股风潮也就渐渐平息下去了。

3. 现在:综合的ARP攻击

最近这一波ARP攻击潮,其目的、方式多样化,冲击力度、影响力也比前两个阶段大很多。

首先是病毒加入了ARP攻击的行列。以前的病毒攻击网络以广域网为主,最有效的攻击方式是DDOS攻击。但是随着计算机防范能力的提高,病毒制造者将目光投向局域网,开始尝试ARP攻击,例如最近流行的威金病毒,ARP攻击是其使用的攻击手段之一。

相对病毒而言,盗号程序对网吧运营的困惑更大。盗号程序是为了窃取用户账号密码数据而进行ARP欺骗,同时又会影响的其他计算机上网。

10.6.4 遭受攻击

ARP欺骗木马的中毒现象表现为:使用局域网时会突然掉线,过一段时间后又会恢复正常。比如客户端状态频频变红,用户频繁断网,IE浏览器频繁出错,以及一些常用软件出现故障等。如果局域网中是通过身份认证上网的,会突然出现可认证,但不能上网的现象(无法ping通网关),重启机器或在MS-DOS窗口下运行命令arp -d后,又可恢复上网。

ARP欺骗木马只需成功感染一台计算机,就可能导致整个局域网都无法上网,严重的甚至可能带来整个网络的瘫痪。该木马发作时除了会导致同一局域网内的其他用户上网出现时断时续的现象外,还会窃取用户密码。如盗取QQ密码、盗取各种网络游戏密码和账号去做金钱交易,盗窃网上银行账号进行非法交易活动等,这是木马的惯用伎俩,给用户造成了很大的不便和巨大的经济损失。

基于ARP协议的这一工作特性,黑客向对方计算机不断发送有欺诈性质的ARP数据包,数据包内包含有与当前设备重复的Mac地址,使对方在回应报文时,由于简单的地址重复错误而导致不能进行正常的网络通信。一般情况下,受到ARP攻击的计算机会出现以下两种现象。

(1) 不断弹出"本机的0~255段硬件地址与网络中的0~255段地址冲突"的对话框。
(2) 计算机不能正常上网,出现网络中断的症状。

因为这种攻击是利用ARP请求报文进行"欺骗"的,所以防火墙会误以为是正常的请求数据包,不予拦截。因此普通的防火墙很难抵挡这种攻击。

10.6.5 攻击防护

1. 防护原理

防止ARP攻击是比较困难的,修改协议也是不大可能。但是有一些工作是可以提高本地网络的安全性。

首先,要知道,如果一个错误的记录被插入ARP或者IP route表,可以用两种方式来删除。

(1) 使用 arp –d host_entry。

(2) 自动过期，由系统删除。

2. 防护方法

可以采用以下的一些方法进行防护。

1) 减少过期时间

```
#ndd -set /dev/arp arp_cleanup_interval 60000
#ndd -set /dev/ip ip_ire_flush_interval 60000
60000=60000 毫秒 默认是 300000
```

加快过期时间，并不能避免攻击，但是使得攻击更加困难，带来的影响是在网络中会大量的出现 ARP 请求和回复，请不要在繁忙的网络上使用。

2) 建立静态ARP 表

这是一种很有效的方法，而且对系统影响不大。缺点是破坏了动态 ARP。可以建立如下的文件：

```
test. nsfocus .com 08:00:20:ba:a1:f2
user. nsfocus . com 08:00:20:ee:de:1f
```

将 arp –f filename 加载进去，这样的 ARP 映射将不会过期和被新的 ARP 数据刷新，除非使用 arp –d 才能删除。但是一旦合法主机的网卡硬件地址改变，就必须手工刷新这个 ARP 文件。这个方法，不适合于经常变动的网络环境。

3) 禁止 ARP

可以通过 ipconfig interface –arp 完全禁止 ARP，这样，网卡不会发送 ARP 和接收 ARP 包。但是使用前提是使用静态的 ARP 表，如果是不在 ARP 表中的计算机，将不能通信。这个方法不适用于大多数网络环境，因为增加了网络管理的成本。但是对小规模的网络安全来说，还是行之有效的。

但目前的ARP病毒层出不穷，已经不能单纯依靠传统的方法去防范，比如简单地绑定本机 ARP 表，还需要更深入地了解 ARP 攻击原理，才能够通过症状分析并解决 ARP 欺骗的问题。

10.6.6　个人用户的防护方法

首先要明确 ARP 攻击仅能在局域网内进行，没有路由器的用户可以不必考虑。

1. 安装 ARP防火墙

如今大部分安全辅助软件均内置 ARP防火墙，著名的有 360 安全卫士(内置)、金山贝壳ARP 专杀、金山卫士。

2. 安装杀毒软件

杀毒软件可以有效地防止 ARP 病毒进入计算机。

3. 已经中毒的处理方法

由于中毒后网速会减慢，查杀失效，所以应该进行专门的杀毒后安装杀毒软件保护系统。

【实训总结】

总结当前都存在哪些网络安全问题，以及解决的办法。写一份实训报告，不得少于800字。

【实训考核】

课程名称	考核单元	细化项目考核	分数分配	考核标准与评分办法	
电子商务安全			100		
	通用能力考核		40		
		基本素质	40	1. 自立、自律能力 2. 学习发展能力 3. 交流、表达能力 4. 团队合作能力 5. 评判、创新能力 6. 信息技术能力 7. 刻苦、耐劳能力 8. 应急应变能力	5分 5分 5分 5分 5分 5分 5分 5分
	网络安全的认识		60		
		网络安全面临的问题及解决方法	30	1. 信息资料的真实可靠性 2. 信息资料的准确适用性 3. 信息资料的时效性	10分 10分 10分
		项目总结报告	30	1. 项目分析报告有针对性 2. 项目分析报告具有可行性 3. 观点鲜明、资料翔实	10分 10分 10分
备注					

参 考 文 献

[1] 凌守兴，等. 网络营销实务[M]. 2版. 北京：北京大学出版社，2009.

[2] 周长青，等. 电子商务师实训[M]. 北京：北京邮电大学出版社，2008.

[3] 王蓓，等. 网络营销与策划[M]. 北京：机械工业出版社，2014.

[4] 付蕾，等. 电子商务基础与实务[M]. 北京：清华大学出版社，2008.

[5] 阿里巴巴网，http://www.1688.com.

[6] 中国互联网信息中心，http://www.cnnic.com.cn.

[7] 淘宝网，http://www.taobao.com.

[8] bbs水木清华站，http://bbs.tsinghua.edu.cn.

[9] 拍拍网，http://www.paipai.com.